# 楽天IR戦記

「株を買ってもらえる会社」のつくり方

市川祐子
Yuko Ichikawa

日経BP

これは、楽天株式会社（以下、楽天）という、常識を破る挑戦を続ける企業に二〇〇五年に中途入社し、「ひとりＩＲ」の時代から約一二年間にわたりＩＲ責任者として株式市場と対峙してきた担当者（私）の話です。ＩＲ（Investor relations）は「投資家向け広報」と通常訳されている、企業と投資家をつなぐ役割または活動のことですが、その日本語訳から広報とＩＲとの違いをよく聞かれます。広報の目的の代表的なものが企業イメージの向上であることに対し、ＩＲは、「株を買ってもらうこと」を日々の目標としており、究極の目的は資金調達であると私は考えています。

楽天が「エンパワーメント」の理念の下、未来を信じ、新しい変革に次々と挑むなか、ビッグチャレンジに必要な資金を株式市場から調達するのに奮闘した実録であり、時代を先取りしすぎて投資家から批判を受けたり、対話や時の経過を経て賛同を得られたりした現実の姿でもあります。

会社の価値と、その価値創造のプロセスを投資家に理解してもらい、株を買ってもらう道のりは平たんではなく、市場との対話を真摯に重ねてきました。その結果、挑戦する企業を応援する株式市場のふところの深さにも、厳しさにも触れることができました。振り返れば、企業だけでなく、私個人としても貴重な成長の機会になったと考えています。

この経験を、上場企業や上場を目指す企業の経営者、CFO、IRとその周辺業務に携わる人々に共有したいと思い、筆を執りました。企業側だけでなく、株式市場の関係者にもひとつのケーススタディとしてご一読いただければ幸いです。

第1章から第11章までは、楽天でのIRの経験を基にした物語となっています。特別編として、コーポレートガバナンス・コードに関する社内外での経験をまとめています（なお、本書はあくまでも当時の著者の視点からの私見であり、著者が過去および現在所属する組織の見解ではないことをご了解ください）。巻末付録の「インベスター・リレーションズ（IR）実践ミニ用語事典」もご利用ください。

それぞれの企業や投資家の個性に応じた中身の濃い「企業と市場との対話」が増えることによって、ニッポンの株式市場全体が高く評価されるようになることを願っています。

目次

序章 010

第1章 TBSへの提案と財務危機 015

転職初日／適時開示／大航海へのチャレンジ／妄想の崩壊／
楽天流・決算発表／財務危機／スタンドスティル／再開／
エクイティ・ストーリー／いざロードショーへ／ディールの完了

第2章 ひとりIR 047

IRの立ち上げ／IR戦略の基礎／ひとりIR

第3章 暴落後、反転 059
二つの逆風／リストラと週刊新潮／セルサイドアナリスト／株価反転の兆し／新たな大株主

第4章 楽天の理念と価値創造プロセス 077
カンファレンス／楽天市場／エンパワーメント！／楽天経済圏／1on1ミーティング／価値創造プロセス

第5章 金融事業への毀誉褒貶 097
楽天の金融事業への批判／過払い／銀行業への本格参入／

もうひとつの楽天経済圏／ロングオンリー投資家の勝負／
楽天KC売却とアナリスト説明会／評価一変、株価上昇／We won!

第6章 東日本大震災と直後の株主総会 …… 117
三月一一日／送られた想い／株主総会／社会的利益と投資家

第7章 一円ストックオプション導入とSR …… 127
薄氷の特別決議／ストックオプションは経営の根幹／反対の理由／
株主との対話／社外取締役・監査役の役割と報酬／今後の株式報酬のあり方

第8章 東証一部上場と楽天イーグルス日本一 145
新CFOの就任／東証一部へ行こう／プロジェクト立上げ／東証一部への関門（一）内部コントロール／東証一部への関門（二）業績予想／楽天イーグルスの日本一と見えない価値／「資金調達しない」選択／東証一部への関門（三）社長面談／上場承認と記念配当／五穀豊穣の鐘

第9章 ヤフー・ショッピング無料化 179
セブの英会話学校／ヤフー・ショッピング無料化／市場の評価／楽天市場出店者と投資家の対話／ステークホルダー・エンゲージメント／誰と誰を会わせるのか

第10章 ＩＲ活動の仕組み化 199
株主構成の変化とターゲティング／ＩＲチームの育成／ＩＲ活動の評価軸

第11章 グローバル・オファリング 213
角を曲がれば「See around the corner」／キックオフ／資金の使途とオファリングサイズ／ロードショー資料／記者との攻防／ローンチ／ロードショーへの準備／社長のロードショー・パフォーマンス／ブックビルディング――ＩＲの集大成／続く市場との対話／クリムゾンハウスと別れ

**特別編**

コーポレートガバナンス・コードと資本コスト……257
経済産業省 企業報告ラボと伊藤レポート／
楽天の資本コストの議論／スチュワードシップ研究会／
ガバナンス改革の先にあるもの

おわりに……282

参考文献……285

**付録**

インベスター・リレーションズ（ＩＲ）実践ミニ用語事典……286

本文中、傍線を引いた用語を付録「インベスター・リレーションズ（ＩＲ）実践ミニ用語事典」に収録しました。

# 序章

大学の理工系学部を卒業し、電機メーカーのＮＥＣに就職した私にとっては、金融市場は縁のないものでした。入社七年目に異動があり、それまでの半導体の営業のバックオフィスのような職種から、Ｍ＆Ａや提携等を扱う部署に異動し、その後、光半導体部門を分社し上場するプロジェクトに参画しました。ＩＴバブルに乗ったこのプロジェクトは、そのバブルの崩壊とともに消滅し、次にＮＥＣは財政難から半導体事業すべてを分社化し、上場させることに決めます。当時のＮＥＣの連結売上高の六分の一程にあたる売上高七〇〇〇億円超、従業員二万四〇〇〇人の事業を会社分割することを二〇〇二年五月に意思決定しました。同年一一月にＮＥＣエレクトロニクス（現ルネサスエレクトロニクス）という名称で会社設立し、イラク戦争などによる二度の延期を経て二〇〇三年七月に東京証券取引所（東証）一部に上場（ＩＰＯ）させたものです。戦争の他にも様々な困難があり、九カ月で実行できたのは奇跡的で、このプロジェクトに参画したことで私のキャリアは大きく転換します。

「二万四〇〇〇人中、エンジニアが四五〇〇人います」

「それがどう価値に結び付くんですか？」

ＩＰＯ時には株を買ってもらうために経営陣が機関投資家を手分けして回ります。そのために経営陣は、世界的に競争が激しい半導体業界を勝ち抜き、将来の利益成長を投資家に信じさせなければいけません。この会話は、そのような投資家回り（ロードショーと呼びます）の最初のミーティングで、競争力の源泉を聞かれた社長の回答とそれに対する投資家の再質問です。

社長に同行していた一番下っ端の私はこのやりとりに頭をはたかれたようなショックを受けました。その時点で私は日本証券アナリスト協会の試験に合格していましたが、その知識やＩＰＯの準備の中で証券会社とずっと交わしていた議論から、技術が必ずしも企業価値には結びつかないことを、頭では充分にわかっていたつもりでした。しかし、実際、資本市場からはっきりと（それだけでは）意味がないと言われたことはなかったのです。Ｎ

ＥＣの現場では各社の技術者の人数が、ある程度技術力や競争優位性と相関している肌感覚はありました。しかし、「ああ、確かにどう価値につながるかまったく説明できていないな」と思った最初の出来事です。

厳しい見方もありましたが、ロードショーで訪問した世界三〇〇社以上のうちほとんどの機関投資家から注文をいただき、その意味では成功したＩＰＯとなりました。この案件で、総額一五〇〇億円超を集め、ＮＥＣエレクトロニクスは最先端工場の設備投資に充当し、保有株を一部売出した親会社のＮＥＣは売却で得た資金を借入金返済に充てました。

株式会社というものが何か大きなチャレンジを行うときには、リスクマネーの供給者である資本市場を頼る。そして銀行のように返済の約束がないだけに、投資家と企業との真剣勝負が繰り広げられる。それが企業と投資家との対話の基本だと実感した時でした。

さらに、この真剣勝負は一種の知的バトルでもあり、投資家の頭の中にある企業価値計算のスプレッドシートをどう変化させ、価値を高め、購入の意思決定をしてもらえるか、これにワクワクするような面白さを感じました。

## ＩＲって楽しい！

と思い始めたきっかけです。

自然な流れでＩＲに異動しました。その後、四半期決算発表を数回経験しました。動きの激しいシリコンサイクルの中で業績予想修正を出しました。ＣＢ（転換社債型新株予約権付社債）を発行し、追加の資金を得た一方で、株価が低下し投資家に非難されたりもしました。しかし、きっとシリコンサイクルの波とともに業績は回復し、ふたたび成長軌道に戻ると私は考えていて、そのような安定した環境が続くのであれば、またＩＰＯのように極限の中で大きな達成感を得ることはこの職場では難しそうだとなんとなく感じていたところに、二〇〇五年、転職の話をいただきました。楽天です。

楽天は二〇〇四年にプロ野球への参入を発表し、一躍その名前が有名になりましたが、私自身もネットショッピングの楽天市場を使っていたこと、そして会社の研修で受けたエグゼクティブＭＢＡプログラムで楽天を題材にしたケーススタディを読んでいたことから、どんな会社かだいたい知っていました。楽天市場に加え旅行予約や証券会社などの買収を重ね、すでに時価総額は一兆円前後となっていました。それにもかかわらず、ＩＲはすべて兼任で行っており、同社初の専任者を募集しているとのことでした。ＩＲ担当としては経験がまだ浅かった私ですが、これはチャンスだと思いました。

上場企業ではＩＲ専任者は平均で約二人と言われています。当時の時価総額で五〇〇〇億円程度のＮＥＣエレクトロニクスでは四人から五人に増えたばかりでした。時価総額数百億円程度の企業でも専任者を置いているところが少なくない中、楽天の規模で専任がいないのは少し信じられないけれども、それだけやりがいがあるに違いありません。

楽天の採用面接の最中、壁に貼ってあるポスターに目がいきました。「成功のコンセプト」と題する五つの行動指針です。そのふたつ目、「Professionalismの徹底」という言葉に、ＩＰＯ時に知り合った、尊敬すべき弁護士や会計士、投資銀行家などのプロフェッショナルな人たちを思い出しました。未経験で、あきらめないことしか取り柄のない私を導いてくれた人たちです。私もプロフェッショナルになりたい。そう思って入社を決めました。

自分の知識や経験の浅さも知らずに。

それから、しばらく、いやずっと、大変な日々が続くとも知らずに。

# 第1章

# TBSへの提案と財務危機

# 転職初日

「やあ、君がＩＲの人。今週はすごいからね、ハッハッハ」

楽天への転職初日、直属の上司である経営企画室長執行役員に連れられ、六本木ヒルズの一八階のオフィスを一周した後に社長室に入り、代表取締役会長兼社長の三木谷浩史さんに挨拶したときに言われた言葉です。すごいって何のことだろう、と思いました。二〇〇五年一〇月一一日のことです。

経営企画室長が会議室に招き、「今週の予定」について説明をしてくれるそうです。今日はまず、オークション事業の新合弁会社の発表。二日後にはテレビ局、それもＴＢＳの株式を一五％以上取得し、共同持株会社化を通じた統合の提案発表を行うということでした。そして株式取得に伴う必要資金の一〇〇〇億円近くをすでに銀行借入で調達し、近い将来株式による公募増資を実施して返済に充てる、という計画でした。驚きました。

## 心の中では「聞いてないよ！」と叫びました。

インサイダー情報ですから入社前の人には教えられないことは重々承知しているものの、インターネット企業に転職すると思っていましたから、入った会社がテレビ局と関わるかもしれないとは、想定外のことでした。二カ月ほど前に内定をもらったときに、「実は今かなり大きな案件が水面下で動いていて、できるだけ早く入社してそれに加わってほしい」と言われていましたが、それは前月に日経の一面で報道された米国のマーケティング会社の買収のことかと勝手に思っていたのでした。

想定外の展開は続きます。初日の午後五時近くになり、今日は早く帰れるのかと思ったところで、経理担当の執行役員から声がかかりました。

「これからデューディリジェンスで上に行くから一緒に来て」

上というのは、楽天がオフィスを構えていた六本木ヒルズの階上にあった外資系証券会社のことでした。楽天はＩＰＯの際には日系の証券会社が主幹事となっていましたが、案件が大きくなると、リスク（と手数料収入）を分散させるため、複数の会社が共同で主幹事となることが通常です。

一八階の楽天から四七階へ。この階になると眺めがまるで違います。高過ぎて空しか見えません。窓に近づいて下に目線を落とさないと景色が見えないくらいの高さです。デューディリジェンスの要である今後の事業計画について話が始まりました。楽天側からは経理の執行役員のほか、私と同年代の公認会計士の資格を持つ財務の男性。さぞベテランかと思いきや、わずか一カ月前の入社。私と社歴がほぼ変わりません。

## 会社の事業内容や経営状況をよくわかっているのは三人中一人しかいない状況でも構わず話は進みます。

先方からはバリバリ働きそうな若手が数名。きっと夜通し働く代わりに私たちの数倍の給料をもらっているに違いありません。エクセルのスプレッドシートを四二インチくらいのディスプレイに映し出しながら質問が飛び、議論が進みます。

およそ五時間が経過し、もうそろそろ帰らないと恵比寿駅一一時六分発の湘南新宿ラインの終電がなくなると気が気ではありませんでしたが、議論は白熱中。入社一日目の新参者は何も言い出せず、初日から終電を逃し別ルートで帰宅しました。その後一年間ほど、この湘南新宿ラインの終電に乗れたのは数回しかありませんでした。

# 適時開示

転職三日目の午後。いよいよＴＢＳの株式取得の発表です。記者会見の前に、共同持株会社化を通じた統合の申し入れについて長文のプレスリリースが証券取引所のシステム（ＴｄＮＥＴ）を通じ、証券取引所の規則に基づく適時開示として発表されました。

プロ野球参入でにわかに名が売れた設立一〇年に満たない新興企業である楽天が、マスコミの頂点で伝統ある放送局に対し、対等な形で事業統合を提案し株式を買い進んだことは、経営戦略的にも財務的にも大きな変化でした。

私の役割は、ＴｄＮＥＴに登録した後に紙に印刷したプレスリリースを東証の記者クラブである兜倶楽部で配布するという入社三日目らしいものでした。これは「投げ込み」と呼ばれるものですが、靴箱のような木の棚の一段一段に報道機関の名前が張ってあり、その靴箱のような箱に印刷したプレスリリースを文字通り投げ込むことからそう呼ばれています。通常の適時開示は証券取引所の取引終了の午後三時を過ぎたらすぐに始まるのですが、今回は統合提案の正式な文書を先方に提出したのちに適時開示を行うという手順だったため、なかなか投げ込みを始められません。投げ込みは義務ではないのですが、兜倶楽部に詰めている記者のために行うことになっていたのです。

ようやく統合提案の正式な文書をＴＢＳ側に提出し、適時開示が完了したとの電話連絡を受け、何十もある鞄箱ひとつひとつに紙束を投げ込んでから、慌てて車で一〇分ほどの溜池山王の記者会見会場に入りました。ギリギリまで修正していたプレゼンテーション資料を使い、三木谷さんが統合提案の目的を語りはじめました。

会場にはメディアだけで一〇〇人近く入っていたと思われます。三木谷さんは詰めかけた記者たちに向かい、視線を大きく遠くに動かし、歩いたり手ぶりを使ったりしながら話を続けます。統合の目的は、「放送とインターネットの融合」。放送局のビジネスモデルとインターネットのそれは近い将来必ず交わるであろう。一方向でマスに情報を伝達するテレビと、双方向で個と個が情報を発信し合うインターネットは補完関係にあり、これらを統合することで視聴者・消費者に革新的なサービスをもたらすであろう。そして、どちらの会社の収益も大きく発展するという趣旨を話しました。今は信じられなくとも、その兆しは米国で現れており、一〇年も経たないうちに日本でも現実のものになるであろう、その前にＴＢＳと楽天とで手を取り合おうではないか、という提案でした。

## 大航海へのチャレンジ

最終的にはこの提案は合意に至らず、後の二〇〇八年の改正放送法に基づきＴＢＳが認定放送持株会社に移行後、保有株式も売却しました。戦略的な是非はともかく、その代わり、この会見にどのような意味を持たせたかったのかを、振り返ってみようと思います。

この記者会見では、

「どんな未来を創りたいか」

という大きなビジョンを三木谷さんは語りました。

新しい航海に出るような勢いです。実際、世界初の株式会社は、大航海時代のオランダ東インド会社でした。成功確率が低く困難な航海の資金を募り、その出し手に成功した場合の配当の権利を約束することで返済義務のない資金を調達したことが株式会社のはじまりです。オランダ東インド会社は、他のヨーロッパ人がまだ見ぬ新天地に繰り出し、誰よりも先に貴重な品々を輸入し、大きな利益を得て株主と分配しました。

楽天はこの時、まさに大航海に出ようとしていました。具体性には乏しくとも、メディアやインターネットを取り巻く大きな流れの渦がそこに来ていること、異業種が手を組むことによって人々の生活が大きく変わり豊かで便利なものになり、両者の利益成長に貢献すると言うことを伝えたかったのです。新たな市場を創造する理念に共感する投資家を募るための会見でした。楽天の創業来の理念は「エンパワーメント」。人々を力づけるという意味です。新しい取組みで世の中を変えるパワーを皆で持とう、そういうメッセージでした。

それはもはや、市場創造への期待というより、社会変革の妄想と言ってもよいかもしれません。妄想というとネガティブにも聞こえますが、妄想と嘘は違います。他人が思ってもいない新たな市場創造や変革が起こるイマジネーションが妄想です。資本市場との対話においては、妄想は投資家の頭の中にあるスプレッドシード、つまり企業価値評価の計算式における、潜在市場の大きさと収益成長率を大きく変化させることがあります。ある大手機関投資家で、一兆円もの投資決定権を持っていたファンドマネージャーの方が、「良いファンドマネージャーの条件は、一に妄想力、二に妄想力、三も妄想力」と力説するほどです。

もし、インターネット通販だけの楽天であれば直線的な成長しか期待できず、またその成長率もいつかは緩やかに下がるでしょう。テレビコマーシャルを主な収益源とする放送局も視聴時間をインターネットに奪われれば収益成長に黄信号が付きかねません。この二社が組むことでまったく新しい市場が創造できるのではないだろうか。例えばインターネットTV、例えばインターネット上の個人の行動履歴とテレビの視聴データを組み合わせた新しい広告、といったものが提携後の新事業の一例として挙げられました（執筆段階では存在するビジネスモデルで、妄想ではなくなりました）。

アナリストや投資家達が認識していなかった市場が開拓されるということは、中長期的な企業価値評価を大きく変えることになります。もちろん投資家だけでなく、交渉相手や社員も同じ妄想を共有できれば、それは大きな事業推進力になります。そういう意味では、妄想がもたらす効果を軽視してはならないのです。私はそれを「妄想コントロール」とひそかに名付けています。

## 妄想の崩壊

記者会見の翌日。株価は前日の終値八万六六〇〇円から一時九万円まで上がり、最終的には一%高の八万七八〇〇円となりました。前日の朝の日経新聞に憶測報道が出ましたので、報道前の前々日からは二%高でした。「放送とインターネットの融合」という新しい社会への妄想は、ある種類の人々を惹きつけたと言えましょう。妄想コントロールの初期段階としては悪くない感触です。M&Aに加えてIRと広報も管轄する経営企画室長のところにはメディアからもアナリストからも問い合わせが続きました。

記者会見の二、三日後にアナリスト・投資家だけを招き、記者向けと同様の内容の発表を行いました。ここでは広がった妄想を地に足を付けて評価するための質疑応答が行われました。社会を変革する妄想が魅力的でも、実現可能性がかすかにでも見えなければ、やはり株は買ってもらえません。

この時点では放送局側が提案に前向きではないことが伝わっていて、かなり厳しい状況という見方が広がり始めました。さらに財務負担の大きさも問題とされました。楽天は同年六月にクレジットカード会社を、一〇月に米国マーケティング会社を買収し、いずれも銀行借入金で賄っていました。これに放送局株式購入が加わり借入金残高は大きく膨らんでいました。その一年前にも、二年前にも大きな買収案件を銀行借入で賄ったあと、その返済のために公募増資を実施していました。統合提案の際には公募増資の計画については発表しませんでしたが、それまでのチャレンジと同じように、今回も新たに株式を発行して増資を行うであろうという観測が広がりました。しかもさらなるＴＢＳ株式の買い増しの意図を表明していたため、追加の財務負担も心配されていました。

## 「どうせ増資するのでしょう？」

そう質問し、コメントを求める機関投資家やアナリストがいました。

## 否定も肯定もできません。

実際準備は行っていますが、発表できる段階にはありません。これらから出てくる利益の絶対額の成長が変わらずとも、増資による希薄化が起これば一株当たり利益（ＥＰＳ：Earnings Per Share）が下がります。

発表七日目頃から株価はどんどん下落しました。次の四半期決算発表は一一月中旬で、それまでは特に新しいニュースもなく、だらだらと滑るように七万円台を割るところまで株価が下がっていきました。株式市場は一〇年後の市場創造（の可能性）より、数カ月後か、せいぜい一年以内に起こりそうなＥＰＳの期待値低下の方に反応しはじめました。株式市場でよく言われるところの、業績の「期待値コントロール」ができない状況になったのです。

この間、私の役割のひとつが、株価下落へのお怒りから直接会社に意見する個人株主の電話に出ることでした。長い時には一人一時間程にも及ぶお叱りのお電話。このような場合、法的に正しい教科書的な対応は、「株価は株式市場の取引の結果であるので上場企業としてはコメントできかねます」「足元の業績についてはインサイダー情報であるので、次の決算発表までお待ちください」というものです。ところがそんな説明に納得する株主はほとんどいらっしゃいません。必要なことは申し添えつつも、ひたすら相手の話を聴く。時には会社と関係ない身の上話にもお付き合いする。この期間、私は多い時には一日七〜八件の個人株主の電話対応を行っていました。

## 楽天流・決算発表

二〇〇五年一一月九日、二〇〇五年度第3四半期決算の発表日でした。転職後初の決算発表です。この日は第3四半期（七月から九月）の実績と取り組みを説明することを主眼としていました。売上高、経常利益とも前年同期比で約四倍と大きく伸長しました。祖業のEC事業が売上・利益とも前年同期比五〇％以上の高成長を維持した上に、近年買収した事業の会員数や取引規模などが着実に増加し、拡大戦略が奏功した決算でした。しかしこの段階では放送局への提案についての進捗はなく、将来への不透明感は拭えないままでした。

このときに驚いたのは、決算説明のための資料を発表ギリギリまで修正する楽天のやり方でした。前職のＮＥＣエレクトロニクスでは、決算発表の一週間ほど前には社長やＣＦＯ（最高財務責任者）との打合せを数回済ませ八、九割程度資料は完成し、残りの時間は数字チェックや英訳、経営陣と質疑応答の準備などに充てられていました。楽天では数日前になってようやく資料の全体像が見えてきます。経営企画室長から、「三木谷さんの決算関連の資料確認は直前の一分くらい。

## 「一分で指示が何点か出るから」

と聞いたときには耳を疑いましたが、本当でした。発表の数日前だったと思います。その四半期から新たに連結決算に加わるクレジットカード会社を、すでにあった「金融事業」というセグメントに含め、前回どおり六つあるセグメントの五番目に位置付けて資料の準備をしていました。ところが、三木谷さんは、クレジットカード事業は祖業のＥＣと相乗効果《シナジー》があり、いずれ一体化するはずであるから、金融事業セグメントから分離し、

「クレジット・ペイメント事業」としてセグメントを新設するように、という指示がありました。

クレジット・ペイメント事業はEC事業の次、全体の二番目に位置付けるようにという指示も同時にありました。当時楽天のEC事業内でのクレジットカード決済の比率は、業界平均の一三％より高いとはいえまだ四五％で、代引きなどのほかの決済方法が多く使われていました。しかも買収したばかりの実店舗型のクレジットカード会社の顧客層は、EC事業のそれとほとんど重なっていません。

個人的には疑問符が付く指示だったことは否めませんでした。セグメントの新設と順番の変更は資料の多くの箇所に影響するため、思わぬ間違いが発生しやすいケースです。ほかにもグラフの見え方や構成が大きく変わる指示が出ました。数日前というタイミングの指示にしては大きいと私は驚きましたが、経営企画室長や他の経理の人たちはまったく驚いていません。

「まだ何日かあるから、全然大丈夫。当日も修正あるよ」

そして発表当日のお昼頃、あと一、二時間程で資料の印刷開始というときにも追加で

「みんなの就職活動日記」という就活生向けサービスのスライドに修正指示が入りました。若年層がユーザーの主体であるこの事業がグループの会員基盤に加わる意味を表現してほしいとのこと。私はとても焦りましたが、経営企画室長から「○○さんか××さんに『今日のＩＲで三木谷さんが使いたいから』と聞いてみて」と言われて恐る恐る連絡を取ると、すぐに適切な返事が返ってきました。トップダウンでスピード感のある企業文化を感じ、前職のそれとの違いを感じました。

## 財務危機

四半期決算発表をまたいで、放送局との質問のやり取りが続いていましたが、ほとんど進みません。楽天の提案に具体性がないとの噂も聞こえてきました。しかし交渉が進まずとも、財務的な問題は放置できません。楽天グループの有利子負債は二〇〇五年九月末で五七〇〇億円を超えていました。このうち、約四七〇〇億円はクレジットカード事業や証券事業の営業上必要な負債なので、これらの事業がしっかりしていれば問題ありません。

銀行が注視しているのは、ＴＢＳ株の購入やＭ＆Ａなどに使われた楽天株式会社単体の有利子負債で、九月末で約一〇〇〇億円、一〇月末には一八〇〇億円以上に増加していました。この金額は、当時の楽天のフリーキャッシュフローの創出力や、資本水準などから考慮すると、銀行の貸出基準のほぼ上限でした。すでに取引のある国内の銀行からの融資はほぼ限界で、外資系銀行からの融資も引き出そうと、財務担当常務の髙山健さんらが日々奔走していました。「黒い目の銀行はもういっぱいいっぱいで、青い目の銀行に行かなきゃ」と真顔です。髙山さんは一橋大学で三木谷さんと同級生で、三木谷さんは硬式テニス部、髙山さんは柔道部でそれぞれ主将を務め、日本興業銀行でも同期だった仲です。「楽天は自分の会社」という意識と責任感が強く、なんとかこの財務危機を切り抜けようとされていました。

借入れがやっと可能となっても、悠長に数年かけて返済するような余裕のあるものではなく、資本を増強し、調達した資金で早々に返済すべき、というプレッシャーが継続していました。「放送とインターネットの融合」が実現しようがしまいが、公募増資は必至だったのです。さらに、公募増資の金額が比較的大きいため、国内の投資家だけでさばけない可能性があり、海外機関投資家への販売を含むグローバル・オファリングによる公募を検討していました。これには米国法弁護士のお墨付きが必要です。企業側、証券会社側にそれぞれ日本法弁護士事務所と米国法弁護士事務所が付き、それぞれがリスクを評価しつつ、投資家向けの販売資料である目論見書（もくろみしょ）を作り上げます。私が楽天に採用された理由の一つは、どうやらこのグローバル・オファリングでの開示の経験があるから、だったようです。しかし入社から一カ月ほどで会社のこともあまりわかっていないのに、会社の状況を細かく記述する役割は荷が重く、大量の宿題を抱えていました。

この目論見書への記載においても、放送局への経営統合提案の不透明さは問題となっていました。共同主幹事である証券会社としては、楽天という株式への投資リスクについてはすべて明確に目論見書に記載されなければ、投資家保護の観点からは引き受けられません。統合するのかしないのか、する場合にはどのような会社になるのか、戦略的・財務的・法務的な観点で明らかにしてほしいと弁護士らから何度も言われるのですが、何しろまったく協議が進んでいませんので文章に書きようがありません。目論見書の作業は少しペースダウンすることになり、私はこの件から一時外れ、入社前の期待通り、ＩＲ中心の業務を行うことになりました。

## スタンドスティル

二〇〇五年一一月三〇日、TBSとの覚書に関するプレスリリースが発表されました。みずほコーポレート銀行（現みずほ銀行）が立会人として間に入り、楽天の共同持株会社設立による経営統合の提案はいったん取り下げ、両社はともに資本・業務提携に関する協議を開始することに合意したものでした。共同持株会社化を取り下げたことで今後の不透明感が低下し、株式市場は好感しました。一時七万円を割っていた株価は一二月中旬には一〇万円を超え、この件があってもなくても好調な業績を評価する方向に入ったと思われました。

両社で構成される「業務提携委員会」で業務提携の協議は続けられたものの、資本関係については取り下げられ、いったん静かな「スタンドスティル」の状態になりました。

## 再開

二〇〇六年に入り、二月中旬に予定していた通期の決算発表の準備を行っている最中、公募増資プロジェクトに再度呼ばれました。スタンドスティルになったことでリスクが低下し、投資家へ株を販売しやすくなったのです。財務危機の直接の原因である「放送とインターネットとの融合」という大妄想ではなく、現在の事業ポートフォリオの延長線上の妄想で資金を募ることになりました。しかし諸問題を考慮し、日本と、米国を除く海外（主に欧州とアジア）向けに販売することとなりました。日本語の日本法に基づく目論見書が読める欧州・アジアの機関投資家のみでも一定の需要を集めることができると判断されたのです。グローバル・オファリングに比べると開示する文章量が少なくなり、英訳もなくなったので作業負担量は大幅に減りました。最初のミーティングで一緒だった、私と一カ月違いの入社の財務担当者が、忙しい合間に日本語の目論見書を準備していました。

三月一日に発表し、同月中に払込まで完了するスケジュールです。先ほど述べたように公募増資の際には、目論見書にすべてのリスクを記載する必要があることから、M&Aや未公表の決算などのインサイダー情報となるような水面下の重要情報を抱えていてはなりません。M&Aなどがなくとも、必然的に決算発表後で次の決算が締まるまでの年に数回しかない限定された期間になり、これを「ウィンドウ」が開いている、などと表現します。ウィンドウが開いていても、会社の状況や株式市況によって需要が集まらないときには実施できません。放送局の件がスタンドスティルになったこと、他の案件もないこと、決算発表後でありその決算も順調であること、そして財務状況が逼迫していることから、このウィンドウで公募増資を行うことになりました。

## エクイティ・ストーリー

増資発表の翌日から投資家回りであるロードショーが始まる予定です。目論見書は日本語ですが、投資家に見せるプレゼンテーション資料は日英両方で作成します。証券会社の投資銀行部が目論見書や過去のＩＲ資料をベースに

### 「これなら投資家に売れる」

という観点でストーリーを作成し、会社（株式を発行する母体なので「発行体」と呼びます）と共同で資料を作り上げます。これをエクイティ・ストーリーと言います。私はプレゼンテーション資料には全面的に関与することになりました。

「たたき台となるドラフトを作成したので打ち合せをさせてください」。発表の一カ月ほど前、二月に入るか入らないかという時期に投資銀行の担当者から連絡がありました。その頃ＩＲ室が立ち上がりました。室長に就任したのは、元主幹事証券会社の楽天担当で、

その縁で数年前に楽天に転職した方です。ところが転職以来ずっとEC事業に所属していて、これで証券会社時代の経験を生かせることになりそうだと喜んでいました。実直な雰囲気の室長と私のふたりだけがIR室の社員です。のちに派遣社員がひとり加わります。

投資銀行からの打ち合せ要請をIR室長と経営企画室長にお伝えすると、「まだ早いんじゃない？　二月一六日発表の第4四半期の決算資料もまだできていないし」という返事。私も前回の決算発表の経緯から、そう思いましたが、今の段階でも一度お話したいという強いリクエストがあり、まずは事前に送付してもらうことにしました。定性的な戦略を説明するスライドが十枚弱、それに連結業績のまとめ、各セグメントの業績トレンドなどの定量面が十数枚という典型的なものが送られてきました。

経営企画室長の気のないコメントがありました。

「うーん、まあ、悪くないんだけどねえ。三木谷さんが何て言うかな」

三木谷さんの戦略思想をもっともよく理解していると思われる人がわからないなら誰もわかりません。それでもいくつかコメントを返し、修正してもらいました。決算発表を経て、定量面が具体的となり、打ち合せも経て、ロードショーの資料が徐々に完成に向かっているように見えます。ですが、三木谷さんがまだ見ていない状況では、どれだけ変更があるのか不明です。そのための時間を取ろうにも、忙しくてなかなか予定が決まりません。結局、またしてもローンチから数日前にコメントをもらうことになりました。

三木谷さんからの追加の指示は、ビジネスモデルの概念図、ブランドコンセプト、経営陣などのスライドの追加修正に加えて、海外の人に馴染みの薄い楽天のサービスの紹介を一サービス一スライドずつ作る、というものになりました。それらのサービスのほとんどが国内では何らかの指標で上位にランクされるものだったので、そのデータも付けました。追加スライドは十数枚となりました。いつもの決算発表資料と違い、弁護士のチェックや英訳が必要なので、時間的に本当にギリギリです。入社五カ月が経過した私はようやく戦力になり、数日の間で社内外の多くの人々の助けを借りながら作りました。証券会社や弁護士にとっては想定外の修正量だったようですが、よくついてきてくれたと思います。社内ではプロジェクトメンバーの財務経理部はもちろん、社長室や経営企画室のスタッフには随分助けられました。

この時のロードショー資料に織り込まれた内容は、

「ＥＣ　楽天市場　国内第一位（取扱高）」

「旅行予約　楽天トラベル　国内第一位（取扱高）」
「ポータルサイト　楽天インフォシーク　国内第二位（プロパティリーチベース）」
「インターネット証券　楽天証券　国内第二位（一日当たり平均取引数）」

以上のようなデータが、ウェブサイトのイメージや提携パートナー数とともに、一事業一スライド、次々と続きます。単に強い事業の羅列というだけではなく、ブランド、会員ID、データベースが統一されていることでシナジーがあることを強調します。

「楽天会員　一八七〇万人（前年比二・三倍）」
「国内ブランドランキング　一九位（前年三二位前々年一六七位）」

これらに好調な業績を付け加えました。

「連結売上高　一二九八億円（前年比二・八倍）」
「連結経常利益　三五八億円（前年比二・三倍）」

ひと言でいうと、トラックレコード、つまり実績を強調したプレゼンテーションです。

当初目指していた「放送とインターネットの融合」のような革命的なビジョン（妄想）は描けませんでしたが、すでにあるEC、ポータルサイト、旅行予約、証券などの各事業の国内市場での競争優位性と実績に加えて、この一年で加わったクレジットカードやプロ野球も含め、多様なビジネスがどうシナジーを形成し価値を創造するのかを表現し、海外事業の可能性も示唆するようなロードショー資料が出来上がりました。

「うんうん、よく出来ている」

三木谷さんが、自ら印刷したものをコピー機に取りに行った帰りに、私の席の横を通り過ぎながら顔を上げずに資料を見てつぶやきました。全部三木谷さんの指示に従っただけなのですが、少しは役に立てたかと胸を撫で下ろしました。

## いざロードショーへ

ロードショーは二週間ほど実施したはずですが、正直言って忙し過ぎてよく覚えていません。三木谷さんは欧州と日本、副社長は日本、財務担当常務は日本とアジアを回りました。IR室長は三木谷さんに同行し欧州へ行くことになり、私は国内投資家訪問に同行することになりました。経営企画室長はこの頃から前年買収した米国子会社に出張し不在のことが多くなりました。それまでIRの顔として多くの投資家に会ってきましたが、今回のロードショーには加わりません。

### 「僕はニューヨークに行くけど、がんばってね」

颯爽と旅立たれ、IR室長と私は残されました。

この間、会社としては三月末に予定している株主総会の準備もありました。総会後に、「株主通信」という一年を振り返る冊子を決議通知とともに株主に郵送しているので、その準備もありました。昼間は投資家を五、六件訪問し、夕方オフィスに戻ってから株主通信の原稿を書きます。広報と経理の人が一名ずつ協力してくれましたが、責任はＩＲにあるのでデザインも含め全ページ隅々まで確認します。加えて、訪問する投資家のスケジュールは日々変わるので、国内も海外もそのスケジュールを調整し確認するということも毎晩行っていました。

国内機関投資家の質問はそれほど厳しくはありませんでした。放送局の件が落ち着いているので、それ以外の既存の事業の利益成長がしっかりしているのかが重要視されました。この点は決算が非常に順調だったので難しくなかったと思います。またライブドア事件が起こった後だったので、ガバナンスの観点からの質問もありました。直前に追加されたブランドコンセプトや経営陣のスライドは、楽天の倫理観や行動規範、それを執行・監督する役員陣などを説明することで、ガバナンスに関する質問に対処しようとしたものでした。

海外機関投資家からの質問は異なる厳しさがあったようで、三木谷さんに同行したＩＲ室長は苦労していたようです。三木谷さんが何か知りたいことで現地で解決できない事項があると室長から国際電話がかかってくるので、私の残業時間は延びる一方でした。

三木谷さんが海外ロードショーから帰国した日の夕方に国内機関投資家を集めたラージ

ミーティングがありました。国内の投資家の個別ミーティングは副社長対応だったため、彼らにとって今回の件で社長の話を聞けるのはこの機会のみです。その日の午後成田に着いた三木谷さんはその足で大手町付近の会場でプレゼンテーションを行い、ロードショーを締めくくりました。

強行軍にもかかわらず、元気いっぱいに楽天の将来をはつらつと語る三木谷さんとは対照的に、同じ日程で帰国したはずのＩＲ室長の顔色の悪さを見て、経営者の必要条件に体力があることを思い知らされました。

## ディールの完了

二〇〇六年三月二三日に増資払込が完了しました。約一〇六〇億円を調達しました。うち八六〇億円が銀行借入の返済に充てられ、二〇〇億円はカード会社のシステム投資に充当することとなりました。なんとか財務上の危機を乗り越えることができました。

発行済株式総数は九・七％増加し約一三〇〇万株となりました。ＥＰＳの希薄化が起こり、理論上の株価は、同程度下がったことを意味します。しかし株価は、増資公表前の九万七二〇〇円からいったんは希薄化を嫌気し下落しましたが、募集価格の決定の前提となった三月一四日には九万八一〇〇円とむしろ上昇しました。ロードショーを通じた投資家との対話で、希薄化以上に、見えていなかった価値を新たに見出していただいた証左です。投資家からの評判もまずまずで、特に海外から多くの注文が集まりました。証券会社からの割当数が足りなかった投資家は市場で買い増したようで、三月中には株価は一〇万円を超えました。

潜在的な成長が期待できる日本のインターネット市場で、楽天が様々な分野でマーケットをリードする状況を妄想させ、シェアや成長率などのトラックレコードを用いて期待値をしっかりコントロールした結果だったと思います。二週間のロードショーで、買う、買わないを投資家に判断してもらわなければならないディールでは、確実なやり方でした。

大妄想に向けたビッグチャレンジではなく、中くらいの妄想とチャレンジに投資家の賛同を得たと言えましょう。

しかし私にとっては、この転職が人生のビッグチャレンジだったと実感する六カ月でした。

# 第2章

# ひとりーR

## ＩＲの立ち上げ

公募増資が終わり、数週間が経ちました。投資家に現在のビジネスポートフォリオでの成長性を認めてもらえたことで、落ち着いた雰囲気になってきたと感じました。ようやく腰を据えて、やりたい仕事をできるようになってきました。

半年前までは専任者がいなかった職務ですから、他社に比べると多くのことが手つかずでした。例えば、ホームページ。楽天の会社案内として掲載している情報で古いものを最新に差し替え、コーポレート・ガバナンスのページを新設し、英語のＩＲ資料を掲載しました。

次に、英文アニュアルレポートを作成することにしました。公募増資後、海外株主比率が大きく増加し、二〇％を超えました。三木谷さん保有分を除いた分の四割超です。にもかかわらず英語の情報発信はほとんどなく、海外では知名度ゼロです。株主通信や有価証券報告書の一部を抜粋して英訳し、経営トップから株主への英語のメッセージを付ければ、アニュアルレポートらしくなります。これに着手しました。英訳はいったん翻訳業者に委託しましたが、正しく英訳されているか確認するため、何日も何日も、連結財務諸表の注記の英訳と原文の日本語を照らし合わせる作業を続けました。まず前職の元上司に教えられた基本の情報発信を整備しました。

## ＩＲ戦略の基礎

さらに、三木谷さんからの要望を受け、場当たり的で受け身だったＩＲ活動を戦略的に行うことに着手しました。

まず、社内向けにＩＲ週報を出すことから取り組みました。ＩＲの活動報告と株価推移や、興味深いアナリストレポート等を社長、執行役員、事業のキーパーソンらに毎週メールします。単なる報告ではなく、ＩＲに興味を持ってもらい、情報交換をしやすくする目的でした。

## どんな仕事でも情報収集は大事ですが、情報は発信する人の所に集まってくるものです。

社内の従業員も、外からの評価には敏感です。アナリストは業種ごとに担当を分けており、楽天担当であれば国内外のインターネット企業の動向に詳しいのです。アナリストレポートの分析は、示唆に富むこともあり、参考になると喜ばれました。競合他社との比較などの興味深い情報の提供をすれば、株式市場に関心を持ってもらえるだろうと欠かさず続けていました。

ＩＲデータベースという、機関投資家とのミーティング履歴のようなものを作り始めたのもこの頃からです。機関投資家と言っても運用資産規模は数十億円から数百兆円まで幅広く、投資スタイルもバラバラです。どんな投資家に企業から誰が会うのかは、非常に重要です。もし社長が楽天への取材を希望される投資家全員に会えば、事業に使う時間がなくなり、かえって業績の低下を招き株主の利益を損なうことになります。

とはいえ、社長にしか語れない事業への思い（妄想）や実行へのコミットメントもあります。楽天では年間のＩＲミーティング件数が当時で約四〇〇件、執筆段階では一〇〇〇件近くのうち一割から二割に役員が出席しています。社長やＣＦＯが会うべき投資家、ＩＲ担当者が会うべき投資家を判断するための基礎資料として、投資家の運用資産額、特徴、保有株式数、ミーティングの履歴やその時の関心事項をデータベース化していくことになりました。

企業としては、中長期的な経営戦略に理解を示す安定的な大株主に保有してもらいたいものですが、大株主も、当然何かの理由で売ることがあります。そんな時にも次の大株主が生まれるように、常に一定の数の大手機関投資家に重点的なＩＲ活動をしています。そして大株主が売買する時に適正な価格で充分な流動性を与えられるよう、ヘッジファンドなどの短期投資家にも幅広いアプローチが必要です。重層的なターゲティングを行うためのデータベースとなりました。

証券会社出身のＩＲ室長がデータベースの枠組みを作成しましたが、保有株式数については数年後から外部機関に実質株主調査を委託しました。結果を見ると、三カ月ごとに会って良好な関係を築いていると思っていた投資家がほとんど楽天の株を保有しておらずがっかりしたり、逆に難しい質問をしてきて意地悪そうに見えた投資家が株を保有していて驚いたりと、意外な結果が出ることがありました。

保有株数が減っている場合、そのときのメモを見ると何が懸念材料と思われたのかが理解できます。データをよく読むと、一貫した深いテーマで質問をしている投資家がいることにも気づかされます。ＩＲの目的は「投資家と良好な関係を築くこと」ではなく、

## 「株を買ってもらうこと」こそが目的

であり、投資家との信頼関係構築はその前提条件であることを再確認するのです。マーケティング活動と同様、データは蓄積すれば蓄積するほどＩＲ活動の対象が定まり、後々非常に重要なデータとなっていきました。

株価分析も始まりました。証券会社のアナリストレポートには、目標株価が載っています。企業の成長性や収益性を評価し、価値を計算した理論株価が求められます。代表的な手法はＤＣＦ（Discounted Cash Flows）やＰＥＲ（Price Earnings Ratio）ですが、ある外資系証券が「Sum of the parts」という手法で目標株価を計算していたのが参考になり、それと同様の理論株価を社内に報告するようになりました。これは事業ごとに理論株価が計算されますが、各事業の責任者に株主価値の意識を持たせることができることに加えて、それ

を合計して出てくる理論株価は実際の株価より高くなることが多く、潜在的な株価上昇余力を示しました。あくまでも計算上のもので、前提条件を少し変えると大きく上下するため、参考程度の利用でしたが、株式市場とのコミュニケーションの改善余地を示すもので、不定期に行っていました。

この理論株価は基本的には社内利用が目的ですが、機関投資家との対話に活用できることもありました。一般的に機関投資家は、企業が自社の株価を語るのを嫌がるとされますが、時には株価を一緒に議論することが効果的です。「今の株価をどう考えているのか？」という質問を投げかけられた時、弁護士的正答は「株価は市場の取引の結果なのでコメントを差し控えます」なのですが、この回答はあまりにそっけなく、「何も考えていない」と相手をいらだたせることもあります。

株価が五万円くらいの頃のある日に、やってきた国内投資家が、「僕は潜在的な価値から考えると楽天の株価は七万円くらいだと思うのですよ。どう思いますか」と持ちかけてきました。ついつい、「ええ、社内でも七万円くらいだと試算しています。今の株価はＥＣ事業の評価だけでほぼ説明できて、他の事業や投資を反映していないと考えていま す」と答えると、

「じゃ、一緒に計算してみませんか」となり、電卓を叩きながら裏紙にペンで数字を書き連ね、概ね同じ結論に至った時は知的なパズルを解くようで楽しく、かつ投資家の満足度も高いミーティングとなりました。その数カ月後にやってきた海外投資家からも同じ質問があり、会社の考える株価水準を即答すると、「自社の企業価値を議論できる日本の会社は少ない」と感心され、次の役員ミーティングを経て買いにつながりました。

これらの活動は、その後一〇年以上継続し、発展させていくことになり、ＩＲ戦略の基礎となりました。

## ひとりＩＲ

二〇〇六年の初夏、暑くなり始めた季節でした。ＩＲ室長、正確には四月からＩＲ室は社長室に併合されたので元室長、から話がありました。

「今度、俺、グローバル戦略室の担当になったから」

「そうなんですね。ＩＲもグローバルに行う必要があるので重要ですよね。兼務は順当だと思います」

「いや、兼務とかじゃなくて。異動」

「え、異動ですか……？　後任は？」

「後任は、いない」

「……」

ＩＲは私と入ったばかりの派遣社員の女性のふたりになってしまいました。まだアニュアルレポートの制作も途中です。週報とデータベースも始めたばかりです。

私はＩＲの実務を前職で行っていたとはいえ、すべてを知っているわけではありません。現に、入社後四カ月目に開催した決算説明会では、あまり経験のなかった会場運営面で多くの失敗をしてしまい、周囲に迷惑を掛けてしまいました。それまでホテルの宴会場で開催していた説明会を六本木ヒルズの貸会議室で開催したのですが、記者会見中に発覚した資料修正のために、同じビルだからと一時デスクまで戻った時のことです。会場に残された他の社員が何をしていいのかわからず、三〇分後に開催されるアナリスト・投資家説明会では資料不足、座席不足などの混乱を起こしてしまいました。準備不足に加えて前職ではOKでも楽天ではNGなことがよくわからなかったことも要因でした。三カ月後の五月の説明会では、社内の事情に通じた元室長が味方にいることが心強かったのですが、もうその助けもありません。何より、EC事業を経験した話しぶりは投資家には説得力があり、その代わりは簡単にはできないと思われました。

しかし、もう決まったことなので、なんとかするしかないのです。一〇〇ページを超える説明会資料（上場企業の多くでは二〇ページ程度）も、金融事業が加わって複雑な財務情報も、投資家には必要なはずで、和文・英文ともに適切なタイミングで広く伝えるのがミッションだという信念がありました。はじめたばかりのデータベースや週報も継続が大事であることもわかっていました。英語のアニュアルレポートもひとりでやりきるしかありません。問い合わせの増えた海外投資家にも、上手ではない英語でなんとか対応するよう腹をくくりました。

一方で、ひとりになったことのメリットもありました。ひとつには、トップとの距離が近くなり、思考パターンを理解できるようになったことです。たとえば、リスクの取り方です。起業家という人種はだいたいリスクテイカーです。新しい物事に取り組む際、他の人が反対すればするほどやる気が出るタイプです。ただ反対するのではなく、どのようなリスクがあり、そのリスクが発生する確率や起こった場合の対処方法の有無などをしっかり伝えることがスタッフに求められていることを理解しました。

三木谷さんのやり方は、リスクを理解した上で、そのリスクを取る、あるいはリスクを最小化する方策を取る。どうしてもリスクを回避できない場合には止めることもある。それが起業家なのだと思うようになりました。スタッフとしては、リスクなどの必要な情報を社長に伝えるタイミングも重要です。決算発表前でも、社長が執務室を出てエレベーターを降りて車に乗るまでの間しか資料確認の時間がない時もよくありました。その数分の間に、何をどの順番で伝えるべきか、社長の関心や優先事項を頭に入れながら会話する習慣も身に付きました。話す順番とタイミングを間違えると、言いたいことが伝わりません。以前は空気を読まずに言いたいことを言う私でしたが、空気を読んで言いたいことを言うようになりました。三木谷さんの現在の関心は何か、情報を広く取るアンテナも張るようになりました。

もうひとつのメリットは、物事が決めやすくなり、止める業務が出てきたことです。例を挙げると、ページビューという、ユーザーが延べ何回ページを見たかを示す指標の開示を止めました。楽天のビジネスモデルは、基本的に、場を提供し、場で発生した取引からその金額に応じて手数料をいただくものであり、何回見たかで決まる広告のような収益構造の売上は少ないのです。企業価値に関係ないにもかかわらず、数十人の人手をかけ、ＩＲのためだけにページビューを集計し、決算説明会資料に掲載していたのですが、投資家からの関心も薄く、意味のない労力と思えたので集計も開示も止めました。また、特定の証券会社のアナリストから毎月月初に受けていた取材も私の一存で止めました。他の証券会社や投資家からは受けないタイミングで際どい質問があったため、フェア・ディスクロージャーの観点からはグレーだと思われたからです。

経営方針やビジネスモデルを説得力を持って伝えるための情報は公平に開示し、そうでないものは止める。投資家のことをよく知る努力をする。社内への発信は継続する。こうして、少しずつ、私流のＩＲのスタイルを構築しはじめました。

# 第3章

# 暴落後、反転

# 二つの逆風

二〇〇六年の夏頃、ひとりＩＲになった直後から、二つの逆風が吹き始めました。ひとつは、同年ライブドアの堀江貴文社長（当時）が証取法（現金融商品取引法）違反等の容疑で逮捕され、ライブドアショックと呼ばれるＩＴ企業全体の株価下落があった上に、東京地検特捜部の次のターゲットは楽天の三木谷社長ではないか、という噂が広まったこと。もうひとつは、前年に買収した楽天ＫＣ（旧国内信販）の業績に関するものでした。

前者は憶測に過ぎないものでしたが、まことしやかに囁かれ、インターネット上の掲示板にはしばしば「ミキタニ、タイホ」という書き込みがなされたりしました。あるときには、会ったこともないニューヨークのヘッジファンドから突然電話がかかってきて、受話器を取るなり「トーキョー・プロセキューター　イズ　ゼア？（東京地検はそこにいるのか）」とだけ聞かれ、「ノー」と答えたら電話をガチャリと切られたこともありました。何も後ろめたいことはなく、どこが発信源なのかもわからないのに、アナリストもそんな噂ばかり聞かされ、楽天の売り推奨をしていたと聞きました。

楽天KCは、同社のクレジットカード事業と楽天のEC事業とのシナジーを目指して買収した信販会社でしたが、元々はECとはまったく関係のない古い企業でした。メイン事業のひとつが車のオートローン事業でしたが、この事業の売上低下が止まらない状況にありました。さらに、二〇〇六年一月にいわゆるグレーゾーン金利に関する最高裁判決が出され、業界も不透明な状況にあったことも影響していました。

四月には一〇万円を超えていた株価は、これらの逆風により低下し、七月には一時五万円を割りました。売買高も大きく、発行済株式総数を考えると、数カ月で株主がほぼ全員入れ替わったと考えてもおかしくないほどの出来高を伴って下落していました。公募増資時に楽天を信じて購入してくれた株主は全部売ってしまったのでしょうか。会社としても予想もしていない状況ながら、この株価は彼らにしてみれば裏切りなのでしょう。

株価低下に怒りをぶつけ声を荒げる個人投資家、空売りで儲けようとする機関投資家、売り推奨をする証券会社のアナリストらからの電話やメールへの対応を必死で行う日々でした。投資家の取材対応のため応接室に行き、一時間後に自席に戻ると電話のメモが三つほど溜まり、そのうち一、二件しか対応できないまま次の取材でまた応接室に行く。自席に戻るとまた三つほど追加され、夕方にはいつも五、六件の電話メモが机の上に置かれていました。派遣社員の女性もできる限りのことをサポートしてくれましたが、ふたりではあまりある量の問い合わせでした。

個人的には、この時期、夫が中国深センへ長期出張が決まって別居状態でした。六カ月の出張期間終了後、赴任への切り替えの可能性もわずかにあり、その場合は同行を決意していましたが、当時の深センの治安状況を考慮し、当面家族は日本で暮らし、赴任となった場合でも香港に住むよう夫の会社から言われていました。結局赴任はなく別居は六カ月で終了したのですが、この間は非常に忙しく、家でもひとりで辛い毎日でした。通勤電車では、往復とも立ちながら寝そうになり、湘南新宿ラインに乗れる時間には帰宅できないので、ほぼ毎日自費で六本木から品川駅までタクシーに乗っていました。自宅までタクシーに乗る日は、少しでも体を休めることができるよう、後部座席で横になって寝ることにしていました。唯一の癒しだったペットの犬や猫も、面倒を見る時間が少なくストレスが溜まっていたのか、夜遅く帰宅すると彼らのいたずらで家が散らかった状態だったことも何度かありました。

## リストラと週刊新潮

二〇〇六年八月、不採算かつシナジー効果がない楽天KCのオートローン事業等の売却を決算とともに発表しました。株式市場でも業績の悪化は織り込んではいたものの、クレジットカード業界特有の会計基準が業績をわかりにくくしており、想定外の出来事だったと思われます。この事業再構築（いわゆるリストラ）にともない、特別損失が一八六億円発生すると見込まれました（最終的には二九一億円（二〇〇六年七－九月））。楽天の事業遂行上の損失としては過去最大のものでした。

特別損失を発表した八月三一日、同日発売された週刊新潮に、楽天に関する記事が掲載されました。東京地検が捜査に入り、逮捕間近であるような憶測記事です。即日、事実に反するものだと否定するリリースを適時開示しました。特別損失とあいまって、株式市場は混乱しました。

どちらの要因で株価が下がっているのかよくわからない状況でした。

週刊新潮は、記事の第二弾を掲載した号を一カ月後の九月二十八日に発売します。この記事の憶測のレベルは第一弾を上回るものでした。記事中には三木谷さんが七月七日から一一日までハワイに行き、一四日までは都内ホテルに滞在し、この間業務に従事せずに東京地検特捜部による事情聴取を受けていたかのような表現がありましたが、この間三木谷さんはずっと仕事をしており、複数の講演を含めて大勢の社内外の方とお会いしていました。まったく火のない所によくここまで煙を立てられるものだと驚くほど、あらゆる点について事実と異なっており、取材なしに書かれたことは明らかでした。同日夜遅くに記事内容の否定と抗議、近日中の告訴予定について適時開示することになりました。

この日はいつものように残業していました。米国出張中の三木谷さんが日本の他の役員と適時開示の文章を練っていると聞き待機していましたが、夜になってもなかなか送られてきません。午後一一時近くにようやく固まった文案が届きました。そして日本語はすぐにホームページに掲載し、朝までに英訳して海外の投資家にも届くように、という指示も付いていました。

今は英語が公用語となった楽天ですが、当時は適時開示も一般向けプレスリリースも日本語版でしか発表しておらず、英文版を準備する体制はなく英訳する人は私しかいません。この適時開示を英語で出すことの意味を一番わかっているのも私です。午後一一時、広いオフィスにはほとんど人が残っていません。英訳を助けてくれるカナダ人の同僚は早朝出社するのでそれまでにドラフトを作っておいてほしいとの伝言でした。二ページほどの長くはない文面でしたが、普段使わない表現が多くあり、苦労しながら訳しました。例えば、

## 「事実無根かつ悪意ある憶測」

「良識を欠く姿勢」「真実性の欠如の証左」などといった表現です。IRでいつも使う英語は、「売上高が○%増加、利益が○%増加し、その理由は取扱高拡大と費用効率化です」という類のものなので、まったく異なります。「真実性」と「真実」との使い分けは必要か、などと、馴染みのない単語を辞書で引きつつ、午前三時頃までかかって英訳しいったん帰宅し、午前四時頃に出社したカナダ人の同僚と広報のヘッドのふたりにチェックしてもらい、早朝に開示しました。

私が家に着いた午前四時頃、お腹をすかせたペットたちが駆け寄ってきました。今朝家を出るときはこんなリリースで遅くなることは予想していませんでした。わかっていれば

ペットシッターさんを頼んだのに、と思いながら、また三時間後に家を出なければならないことに申し訳なさがいっぱいでした。

## セルサイドアナリスト

もうひとつの逆風、楽天ＫＣについても嵐が吹き荒れました。リストラ後、残された事業がどのように再建するのか見込みが難しく、私の拙い説明では投資家を納得させることが困難な状況でした。一因として、資金調達手法のひとつである債権流動化を行う際、利益を計上していたことがわかりにくかったこともありました。この点については、日本の会計基準では発生する利益であるものの実力の営業利益ではないことをＩＲで説明していましたが、信販業界やクレジットカード業界を担当していない投資家やアナリストには理解が難しいと言われていました。

そのようなとき、ある外資系証券会社のアナリストが、「楽天ＫＣの過去の会計処理は不適切だったのではないか」という内容のレポートを発行しました。その方とはレポート発行の一、二時間前まで、債権流動化の会計処理についてメールのやり取りをしていましたが、まだ説明途上と私は感じていました。楽天ＫＣの監査を担当する会計士のコメントまで付けたのですが、説明が足りなかったようです。他の上場しているクレジットカード会社も行っている処理でしたが、他社では行っていないかのように書かれていました。私自身としては、会計処理が適切であることを信じてもらいたい一心でやり取りを重ねていただけに、とてもショックでした。

株式市場からは、週刊新潮を上回る多くの反響がありました。ある日系証券会社のアナリストからは、「当社のクレジットカード業界担当のアナリストが、楽天の会計処理は適切で、レポートで例として挙げられた上場企業や他の同業他社も行っている処理であり、その外資系証券アナリストの書いた内容が間違っている、と言っている。抗議した方がよい」というアドバイスもありました。どうしたらよいのか、ＣＦＯの髙山さんと相談しました。髙山さんも社内外のいろいろな方に助言を求めましたが、上場していたジャスダック証券取引所からは、「取引所は上場企業と証券会社のアナリストとの関係には関与しない」という返事がありました。「出入り禁止にすればよい」と言う元証券会社アナリストもいました。

結局、正攻法で、その外資系証券会社に直接申し入れをしたところ、私の送付したメールと会計士コメントのコピーを持って同社の部長二名が謝罪に来訪しました。どうやら特例的にコンプライアンスチェックを経ずにレポートを発行していたようです。説明は丁寧で一定の誠意は感じましたが、先方の持参された菓子折りは受け取りをお断りしました。ほどなくして通信業界を主に担当するアナリストが金融業を多く抱える楽天を分析することは困難、という理由とともに、そのアナリストが楽天の担当から外れることが発表されました。詳しい経緯が明らかにされなかったためか、「売り推奨が気に入らないという単純な理由で楽天は証券会社に圧力を掛け担当を外させたのだ。けしからん」と言う市場関係者が多かったことも悔しく思いました。

私が一番ショックだったのは、誠意を持って正確性に努めて情報発信したつもりでも、意図はどうあれそれを曲げて解釈するということが、アナリストの世界でも例外とはいえ起こるということでした。今振り返れば、単に私の説明不足なのですが、当時は説明の途中で関係を断ち切られてしまったような思いがありました。

証券会社のアナリストは「セルサイドアナリスト」と呼ばれ、職業上、「買い推奨の銘柄」と「売り推奨の銘柄」の両方を顧客である投資家（バイサイド）にタイムリーに示す必要があります。ドラマティックな見出しのレポートに反応する投資家もいることから、

**あえて買いか売りのどちらかに偏らせた強い主張に出るアナリストも存在する、**

ということです。丁寧に説明すれば理解してくれる、正しく理解された上での厳しい評価は耐えようと心がけていましたが、そうはいかないコミュニケーションの難しさを痛感し、涙がこぼれました。

その頃、突然三木谷さんに呼ばれ夕食をご一緒しました。社外のご友人とのお食事に急遽私が加わる形だったので、仕事の話は一切なく、たわいもない話をした一時間ほどの短い時間でしたが、私があまりに落ち込んでいたのを見かねたのかもしれません。

## 株価反転の兆し

振り返ると、この時期は二つの逆風に対する釈明でＩＲの取材の時間がほぼ終わってしまい、ＥＣ事業の順調さや中長期の戦略を説明することがほとんどなかったように思います。事業成長を想起させる良い意味の妄想を語ることはできず、犯罪者や虚偽報告であるかのような悪い妄想を消すことに精一杯で、ＩＲとして成り立っていなかったと思います。

そんな状況も、徐々に落ち着き始めました。週刊誌の記事については提訴後、株式市場での噂がぴたりと止まったようでした。楽天ＫＣについては決算とは別に、アナリスト・投資家向け説明会を実施しました。すでに発表した内容に加えて、経営トップ交代と、楽天とのシナジーを追求し健全な経営を行う戦略を伝えました。

この説明会では、オリックス・クレジット出身の楽天ＫＣ新社長が説明にあたりました。資料には、少し前に行われた銀行向けの説明資料をかなり流用しました。秘密保持義務のある銀行向けと、一般公表資料のみを取り扱うＩＲ資料ではレベルが異なることが一般的です。ここまで詳しい資料を一般向けであるＩＲに出さなくてよいのでは、という声も社内にはありましたが、私は一歩踏み込んだ開示を希望しました。楽天ＫＣの新社長に相談すると、

「詳しい数字を出さなければ、アナリストや投資家は納得しない。中期的な目標と合わせてしっかり開示したい」

と明確な返事があり、延滞債権の内訳などの詳しい財務情報を開示することにしました。わかりづらいと言われた債権流動化が今後減っていく見通しを明らかにしたことも含め、緻密な分析をするアナリストにも十分な説明を行うことがようやくできました。中期目標については人員計画や債権残高などのＫＰＩ（Key Performance Indicator）を複数提示し（数年後にすべて達成）、期待値の醸成が始まりました。

この少し前に新たに楽天を担当したある証券会社のアナリストが、買い推奨でカバレッジを開始したことも追い風でした。十月には三万円台に下がっていた株価は、会社の価値に比べると下がりすぎと見られ、一一月後半から徐々に反転しはじめ、五万円台に回復しました。追い風を吹かせ、助けてくれたのも、また、アナリストでした。

## 新たな大株主

日本の株式市場では、株価の上昇時には、たいてい海外機関投資家の大きな買いがあります。

楽天では二〇〇六年終わりから二〇〇七年にかけての株価回復時期に、何社か長期保有傾向の大きな海外株主が現れました。

中でも、この時期に株主になったある英国の投資家とはその後一〇年以上にわたり良好な関係を築きました。このような投資家は一〇〇社に一社あるかないか、です。一般に機関投資家は、背後に年金や投資信託などの資金提供者がいて、資金提供者の利益を守るために一定期間で成果を出す必要があります。数週間から数カ月で成果を厳しく問われる短期保有の機関投資家が数の上では多数派です。

少数派の長期保有投資家の保有期間はというと、国内機関投資家ならせいぜい一年超、海外機関投資家でも一年から三年程度が平均です。成果が出なければ、すぐに職を失う、厳しい世界です。ところが、この英国の投資家は古い歴史があり、長年蓄積した自己の利益が多いことから、運用資産のうち外部の資金提供者の占める割合が他社に比べて低く、外部からのプレッシャーが強くないという特徴があります。日米欧中の有名IT企業を、成長期から投資を始め五年以上保有を継続する例がいくつもありました。そのような投資家と巡り会い、良い関係を作れたことは楽天にとって僥倖でした。

その投資家は、一一月、楽天の株価が反転するかしないかというとき、日本株責任者の方がひとりで楽天のオフィスにいらっしゃいました。品の良い上質なスーツをお召しになった女性です。ミーティングの重要性を感じて、CFOの高山さんに出席してもらいました。同じ頃に組織再編でIRは財務部に加わり、高山さんは直属の上司となっていました。穏やかな口調のブリティッシュイングリッシュで会話が始まります。

「三月に三木谷さんが英国に来たときにお会いして話を聞きました。とてもユニークな企業であることはわかりましたが、その際には投資はしませんでした。その後の事業の変化をお聞きしたい」

帰国子女で米国に留学経験もある高山さんはアメリカンイングリッシュで来訪にお礼を述べ、こう答えました。

「楽天ＫＣは、昨年の買収から一年超が過ぎましたが、業績以外にも古い経営体制から来る問題を多く抱えていました。事業再構築は、単なる不採算事業の売却ではなく、トップを替え、企業文化から会社を大きく変えることが狙いです。私自身も非常勤の社外役員として就任していますが、贅沢だったオフィスの使い方にはじまり、債権管理の手法や金融機関との付き合い方など様々な点を見直しています」

髙山さんは、役員に就任した当初に割り当てられ、すぐに返上した専用の執務室の広さを例にとり、わかりやすく説明しました。

別の観点から、先日の決算とともに発表した新しいグループの経営管理手法の狙いについての質問もありました。髙山さんは、これまで、経営資源の配分が非効率だったことを見直し、伸びる事業に投資することが目的と説明します。投資家の方は熱心に聞いていらっしゃいました。他の投資家がよく聞く短期的な業績に関する質問はありません。この場では投資するかどうかについては一切言及がありませんでしたが、数カ月後に株主になったことが判明しました。

この投資家は、一回のＩＲミーティングで買うようなことはありません。三月の公募増資の際に買わなかったのは道理で、

## まず経営者の人物と志を確認して、次にビジネスモデルや事業の発展を支える人・仕組みを見なければ決断しない

そういう投資家です。この方にとっては、社長が語った妄想と期待値の間を、ＣＦＯとしてどうつなげていくのか、それをＣＦＯが直接英語で説明するのを聞くことが有用だったのではないでしょうか。とりわけ、金融事業を含めたグループ経営の在り方については一定の根拠のあることが説得力を伴って伝わり、買いにつながったのだと推測しています。

# 第4章

# 楽天の理念と価値創造プロセス

## カンファレンス

二〇〇七年三月。私は近々予定している、証券会社主催のカンファレンスの準備をしていました。証券会社が、自身の顧客である機関投資家と、顧客の投資先候補である上場企業を一堂に集めて効率的にＩＲを行う場を提供するものです。同様のカンファレンスで日本株全体が対象となるものは、五、六社の証券会社がそれぞれ時期を微妙にずらしながら年一回の頻度で行っています。

大規模なカンファレンスには、内外から機関投資家一〇〇〇人以上、上場企業は数百社が、都心のホテルに貸切られた数フロアに集結し、その様相は企業と投資家との巨大お見合いパーティのようです。そこで行われるＩＲは、企業トップが一〇〇人以上の投資家をホールに集めスピーチをする「ラージミーティング」と、企業一社に対し投資家一社が個別にホテルの部屋で会う「１ｏｎ１ミーティング」の二種類に大別されます。今回は、三木谷さんがラージミーティングでスピーチを行い、ＣＦＯの髙山さんと私で１ｏｎ１ミーティングに出ることになっていました。

　ラージミーティングで三木谷さんが行うプレゼンテーション資料の作成に取りかかっていました。前年の公募増資でのロードショー資料をベースに、その後の会社の変化や投資家の関心を織り込んで追加していきます。その当時増えていた質問は、ＥＣ事業の高成長・高収益率が今後も継続するのかどうか、ということでした。日本のＥＣ市場が未だ黎明期であること、その中で楽天のマーケットシェアが拡大していることを日頃のＩＲでは説明していました。それに加えてシェアの高さを裏付ける強みを具体化する必要がありました。巨大お見合いパーティなので、楽天のことをよく知らない海外の投資家を聴き手として意識し、市場規模やビジネスモデルの強みを説明し、中長期的な価値向上を伝えたいと思っていました。

# 楽天市場

楽天の創業以来のＥＣサービスである「楽天市場《らくてんいちば》」は、室町時代の自由取引市場であった「楽市楽座」と「楽天的」を掛けて名付けられたもので、その名のとおり「市場《いちば》」をイメージして作られたものです。

楽天は出店店舗に場を提供するのですが、他のＥＣサイトとは異なり、出店店舗が自身でウェブページを編集できる権限があり、つまり店舗が消費者と直接コミュニケーションできるツールを与えています。これにより商品の魅力や店舗の独自の取り組みを伝えることが可能で、ファッションや食品などの、ユニークな商材をＥＣで売ることが可能になっています。

店舗が集まれば集まるほど、豊かな品揃えと価格で消費者を惹きつけ、消費者が集まれば店舗も集まる、という循環が出来ていました。個性豊かな店舗をネットサーフィンするのは、まるで屋外の市場にある店を次々と回るような楽しさがあり、さらに、共通ポイントを導入することで、買えば買うほどポイントが貯まる、エンターテインメント性とお得感を感じられることが楽天市場の強みでした。

「品揃え」「ユーザーインターフェース」「ポイント」などを楽天市場モデルの強みとして箇条書きしたスライドなどを入れドラフトを三木谷さんに持っていきました。パラパラめくり、うーんと少し考えた後に、

「エンパワーメントとショッピング イズ エンターテインメントを入れて。あと楽天大学と、ＥＣＣと、出店店舗で面白いのを大学のやつに訊いて何点か入れて」

と言われました。

# エンパワーメント！

「Empowerment（エンパワーメント）」は辞書では「権限や自由を付与する」と出てきます。創業以来三木谷さんが大事にしているコンセプトで、出店店舗にウェブ編集や消費者との直接コミュニケーション可能なツールを与えたことを指しますが、そこまでエラそうなつもりではなく「元気にする」あるいは「自立するのを助ける」というニュアンスで使っています。この「Empowerment!」一語だけを大書きし、出店者の笑顔の写真を掲載したスライドを追加します。さらに、ど真ん中に

Shopping is Communication!

+ Communication is Entertainment!

＝ Shopping is Entertainment！

と大書きしたスライドを追加しました。これはバザールの店先で店主と客がおしゃべりしながらついつい色々なものを（予定していなかったものも）買ってしまうようなショッピングの楽しさが楽天市場のコンセプトであると伝えたかったものです。

これと対照的なのが、私たちが自動販売機モデルと呼んでいる、出店者はＥＣサイト運営者の陰に隠れ、消費者とコミュニケーションできないアマゾンのようなモデルです。自動販売機モデルが消費者の利便性を徹底的に重視する一方で、出店者は個性を出すことができず、差別化は困難となります。サイト運営者が同じ商品を直販で取り扱っている場合、出店者が不利になることもあります。それに比べると、楽天のバザール型のモデルは一見非効率ながら、消費者の買い物の楽しさを追求しつつ出店者と共存し持続的成長を志向しています。

「楽天大学」とは文科省の認定した大学のことではなく、出店店舗のスタッフ向けに楽天が開催しているセミナーの名称です。ＥＣサイトを運営するのに必要なスキルをビジネススクール形式で学んでもらうものです。ＥＣＣとはＥＣコンサルタントの略で、担当する店舗にアドバイスをする楽天の営業マンのことです。ＥＣＣひとりで数十店を担当しますが、ＥＣＣの成績は担当する店舗の売上に連動するので真剣です。年に二回、出店店舗を集めた大規模なリアルイベントも開催します。出店店舗の多くは小売や製造などの事業経験豊富な方々でしたが、ＥＣでの売り方には課題を抱えており、ＥＣＣも楽天大学もそのような課題の解決を助けることが目的です。決して一方向ではなく、出店店舗同士の横のつながりが強く、ＥＣＣと出店店舗との間でひとつの共同体を形成しています。

こんな面倒なことをやっているＥＣ企業は楽天だけです。アマゾンもイーベイもヤフーもやっていないことです。米国に比べ、大規模小売業者の寡占が進まず、中小企業の多い日本、インターネット普及率の割にＩＴリテラシーが低いといわれる日本、だからこそ必要な施策だったと思います。アパートの一室で起業し、楽天市場に出店することから事業を始めた会社が数年後に上場するケースもいくつもありました。エンパワーメントの究極事例です。ここに説明するだけでも随分長いですが、三木谷さんは、これらを省いてはいけない、なぜなら根幹だから、と言いたかったのかもしれません。

面白い店舗も探さないといけないので楽天大学（という名前の部署）の人に当たりました。「学長」と呼ばれる人は店舗さんと遊ぶ（交流する）のが仕事なのであまり会社に来ていないとのこと、別の古株の人に連絡したら私のデスクまで来てくれました。

「IRで使うってどのくらい？　すごいいっぱい事例あるよ！」

「えーと、持ち時間五〇分のうち、質疑応答を除く三〇分か四〇分。ECのほかに、全体戦略やら他の事業やらあるので、この話だけだとせいぜい五分くらい。で、外国人も三割か四割くらいいるからその人達にわかるやつ」

「それだけしか時間がないんだ……」

「市場の基本コンセプトなのに、ですよね。すみません」

「じゃあまず、面白いところでたまご屋さん。あと猫砂。ファッションは一番大きいジャンルだから入れたいよね」

「たまご屋？」

「あ、知らない？　創業してすぐの頃に、楽天市場で生卵を売りたいって来た長野の養鶏家なんだけど、最初三木谷さんは断ったらしいんだよね、生卵をインターネットで売るとか無理じゃないかって。でも、どうしてもウチの大事に育てた鶏が生んだ美味しい卵を全国の人に食べてもらいたいってすごい熱意だったらしくて、割れた場合の補償なんかの説明を聞いて出店OKしたんだって。鶏をひよこから育てる日記をウェブサイトに書いてあったりするんだよ、ほら、このページ。ひよこ抱いてるこの人」

「へー。一パック三〇個とかで売るんですね。あ、超高い」

「超高いけど超リピーター多いよ。美味しいから。あと、日記でひよこが大きくなる過程を見たり、この人の餌のこだわりを知ったりするとファンになるから」

「なるほどー。共感しちゃうんですね」

「ここのは三木谷さんの鉄板ネタなんだよ」

「じゃ、最初に入れましょ。猫砂は？」

「檜の木屑を猫トイレに使ってみたらいいんじゃないかって作ってみた猫砂が、臭いを吸収してくれるので大ヒットして、猫砂だけじゃなくてペット関連用品全般を売るショップに育ったやつ」

「家にも猫いるので今度買います」

「あといくつか見繕っておくね。ファッションは、ショップ・オブ・ザ・イヤー受賞店舗から選んでおく」

「毎年選定している優秀店舗のことですね。今年の総合第二位がファッション系ですね」

「うん、そう。どの店舗も、ページ作りがユニークだからトップページの画面キャプチャと店の特徴を入れて、売上増グラフも許可がおりたら載せる、みたいな感じの作りでいいかな？」

「はい、ありがとうございます！」

元気よく返事したものの、内心、投資家にこれは受けるのか、特に外国人にはわかるのか、若干の不安がありました。それより、商品ジャンル別のＥＣ市場規模とかシェアとか、数字で詰めた方がいいのではないかと思いました。しかし、こんなに楽しそうに仕事している人が協力してくれるのを無下にできず、また、すでにスライド数が多すぎるので、シェアのスライドのメインスピーチでの追加は断念し、後ろの方の参考資料に入れました。

すぐに五、六店舗のスライド案が送付されてきました。中身をチェックすると、フォントが揃っていなかったり、卵は一カ月から二カ月待ちなのに「驚異の三カ月待ち！」と書いてあったりしたのを修正してプレゼンテーションドラフトに追加。この中から三つくらい選んでもらおうと、もう一度三木谷さんに見せました。今回は見せる時間に比較的余裕がありますが、経験からギリギリの修正は本当に意味があることしか言わないことがわかってきました。

「うん、じゃあ、これ全部入れよう。あと、着物追加して」

呉服屋のことのようです。もう一度楽天大学の人に連絡すると、「地方の小さい呉服屋さんが浴衣や中古の価格帯の安い着物から楽天で売り始めて、そのうち高い価格帯の着物がネットで売れたり、実店舗にも客がどんどん来たりするようになったんだよ。で、真似して出店する呉服屋さんが増えたんだよ」とのこと。数百年続いた呉服の流通経路まで変えていることに感心しながら追加。これでＯＫをもらえました。

## 楽天経済圏

ラージミーティング本番の日です。資料をは二日前に会場に送付するよう求められていましたが、間に合わないので当日一五〇部印刷して持ち込みました。早めに会場に入り、データが正しくスクリーンに表示されるか確認したり、同時通訳者の業界用語の質問に答えたりする準備を終え、並べられた座席の後ろの方につきます。客席の照明が暗くなり、プレゼンテーションが始まります。

スポットライトの当たった三木谷さんが銀行を辞めて創業に至る経緯から話を始めます。神戸出身で、投資銀行時代に阪神淡路大震災があったこと。可愛がってくれた叔父夫婦が亡くなったこと。それを契機に人生を考え直して起業に至ったこと。山一證券が倒産した年で世の中が暗い雰囲気にあり、なんとか日本を元気づけたかったこと。

私が読んだビジネススクールの教材にも書いてあったことでしたが、本人の口から聞くと違う重みを持って届きます。そしてスライドに入ります。


「Shopping is Entertainment！」

「インターネットは常識を変える」

続いてたまご屋のスライド、

「はじまりは、卵の通販、それどうよ？」


生卵のインターネット販売は投資家には衝撃だったようで、聞いている人たちの目が見開きます。一般の人の常識だけでなく、三木谷さん自身の想像すらを超え、養鶏家がインターネットを使い自ら消費者とコミュニケーションすることで大きく成長した事例をもって「エンパワーメント」のコンセプトを語りました。猫砂、着物、ファッション、アクセサリーなど個性的な店舗の紹介を続けました。どう出店店舗たちと運命共同体を築き、ともに持続的な成長を果たしているのか、写真と数字を使って語ります。この辺りから聴衆が三木谷ワールドに巻き込まれていくのがわかります。

続いて、ビジネスモデルの説明に入ります。「楽天グループの目標はインターネットと会員ビジネスの融合」と宣言します。会員価値の最大化が基本戦略であることが他のインターネット企業との最大の差別化であると述べました。会員ひとり当たりの利用額から生まれる楽天の収益を会員価値とし、それがインターネットと組み合わせると加速度的に増加するイノベーションが楽天の基本戦略だとしたものです。

楽天は統一ブランド、統一会員ＩＤで多様なビジネスを行っていること、インターネットというメディアを会員獲得の入り口に使っていることなどを示しました。会員ＩＤ数が二五六〇万に到達していること。取扱高を示す流通総額が年間八三六四億円になっていること、などを続けます。楽天市場では三カ月に一回以上購入している人数が四七〇万人、平均するとひとり当たり月に一回購入していて、まだまだ成長の余地があることなどを言いました。

ビジネスモデルに紐づいた定量的な情報が説得力を増しました。インターネットの利用人口を考えると、三カ月に一回購入している人は四七〇万人から軽く数千万人になるであろう。またＥＣの利用は月一回から週一回くらいにはなるだろう、という想像が投資家の頭の中にもインプットされました。当時のＥＣの利用は本や家電のようないわゆる型番商材が主流と思われていましたから、生卵や着物が売れるようであれば、ＥＣ市場自体も大きな広がりを見せる妄想も生まれるはずです。

さらに、ＥＣの利用者が旅行予約や金融など複数サービスを利用する行動が生まれていて、その結果、会員価値が高まっていく「楽天経済圏」というコンセプトも紹介しました。これは今も楽天エコシステムとして継続しているものですが、当初は「Rakuten Ecosystem」という英語で、シリコンバレーで当時流行りはじめたエコシステムというコンセプトに感銘を受けた三木谷さんが考えたものでした。ＩＲで使いたいと三木谷さんに言われたとき、私は、当時エコシステムというと環境循環システムの用語で使われていると思ったのと、本来の意味である生態系よりはもう少し経済的な観点だと思ったので、

「日本語では『楽天経済圏』でどうですか？」と提案したところ、それがＯＫになったものです。

楽天経済圏は、会員に向けた価値創造の仕組みが企業価値創造に直接つながるように設計されたものです。そして実際に共通ＩＤや共通ポイントの導入後で会員価値が飛躍的に増加している事例を三つ説明した後、業績の説明はわずか一分くらい、最後に楽天の行動規範で終わりました。

流れるように進んだプレゼンテーションは創業者ならではのもので、熱気に満ちて終わりました。企業価値を創造するプロセスの要素がすべて入っていました。

●ＷＨＹ　なぜ、この事業をはじめたのか、その理念
●ＷＨＡＴ　どんなサービスで、どんな強みがあるのか
●ＨＯＷ　どう収益化し、どう参入障壁を築いているか
●ＨＯＷ ＭＵＣＨ　経営指標・業績のトラックレコード
●ＧＯＶＥＲＮＡＮＣＥ　成長を支えるガバナンス

創業の想いをしっかりと伝え、理念に基づくビジネスモデルが持続的に発展可能なことを定量的にも聴衆に届けられました。

投資家の頭の中に楽天と名付けたスプレッドシートがあれば、そこにある永久成長率が少し上がったかもしれません。私が当初準備した市場規模やシェアなどのデータは、確かに投資家の関心事です。ただ、それはIR担当者でも説明できるもので必ずしも社長の出番ではありません。このような一貫した価値創造プロセスは三木谷さんがプレゼンテーションを行うからこそ説得力のあるものでした。

## 1on1ミーティング

翌日、1on1ミーティングがありました。ホテルの客室一室が上場企業一社に割り振られ、客室には大きな丸テーブルと椅子が七、八脚置いてあります。そこにあるはずのベッドはどこかへ片づけられ、小さな会議室のようになっています。五〇分のミーティングごとに異なる投資家が部屋にやってきて、休憩時間の一〇分間の間にホテル内で民族大移動を行い、次から次へと投資家と会う仕組みです。

楽天のように多様な事業を抱える場合には、初めての投資家に五〇分で事業内容と戦略を説明するのはなかなか大変で、早口でまくしたてても、時間を少しオーバーします。ほとんど休まず次の投資家がやってきて、また似たような質問をされます。わんこそばのように夕方まで投資家が代わる代わるやってくる仕組みです。だいたい五件目くらいで喉がカラカラになり、目の前にいる投資家にどこまで何を話しているのかよくわからなくなってしまいます。

投資家の方も一日五、六社と会う中、どの会社と何を話したのかすぐ整理しないと大変なことになるようです。お互いわんこそば状態の中、投資家の印象をぼやけさせないための企業側のインパクトは大事です。前日のラージミーティングを聞いている人に感想を尋ねると、「生卵が売れると思わなかった」と笑います。このインパクトが三六〇〇社ある日本の上場企業の中から、数十社ほどの投資対象となるきっかけになるかもしれません。

１ｏｎ１ミーティングでの議論の多くは成長性や競争力などについてで、前日のプレゼンテーション資料で使われたスライドや「楽天経済圏」などの概念を用いて説明すると納得されました。日本語がわかる投資家には、楽天大学の制作した「ＲａｋｕｔｅｎＤＲＥＡＭ」という出店店舗の成功事例を冊子にしたものを渡しました。楽天がどう彼らを「エンパワーメント」しているのか、どう共に成長しているのか、理解の一助にしていただけました。

## 価値創造プロセス

このカンファレンスひとつで株価が上がったわけではありません。ただ、この後何年も継続して株式市場に向け楽天の価値創造プロセスを伝える型とその名前ができました。「伝える」という仕事はなかなか難しく、

## きちんと伝えたと思っても九割は忘れられるものです。

型があれば、レベルはともかく、私でも多少真似できます。「エンパワーメント」と「楽天経済圏」と名付けられた型は何回も何回も、社長から、ＣＦＯから、ＩＲ担当者から、複層的に、継続的に、伝えていきました。価値創造プロセスを発信し続ければ、会社の本源的な価値を理解し、投資してくれる株主が一社でも増えるはずです。

短期間で多数の投資家に投資判断を行わせるディールでは、価値を証明するトラックレコードがより重視されますが、平時の、中長期スパンのＩＲには、価値を創るストーリーが重要となります。前述の英国の投資家は、のちに長年楽天株を保有している理由を訊かれてひとこと「Unique」と答えました。唯一無二のビジネスモデルであることをよく理解してくれていました。

そのような深い分析を行う投資家は、本源的価値と株価との差を分析することでまだ評価されていない会社を早くから発見し、高い投資リターンを得ることができるのです。企業にとっても、世界中の企業を分析している彼らとは、高い見識を持って深い議論を交わすことができ、真の株主（Owner）として尊敬できる関係を構築できるのです。

第5章

# 金融事業への毀誉褒貶

## 楽天の金融事業への批判

楽天経済圏というコンセプトが浸透する一方、依然として株式市場のほとんどは楽天の金融事業に懐疑的な姿勢を継続していました。二〇〇八年はじめ、世界がサブプライム住宅ローンに端を発する金融危機に覆われはじめた頃のことです。

「楽天経済圏の説明、旅行予約などの非金融事業についてはよく理解できるけれど、金融事業についてはブランド効果くらいしかないのでは？」

「あえて言えば、楽天カードとECとのシナジーはありそうだけど、その成果が見えない」

「PERが低い金融事業から撤退してほしい」

そういう声が毎日のように聞かれました。金融事業への反対意見はミーティングで会う機関投資家の過半数を超えていたと思います。この声は三木谷さんがIRの前面に立ってもおさまりませんでした。

実は楽天カードとECのシナジー効果は想定以上でした。楽天市場で買い物をすると、通常は購入金額の一％がポイントで付与されますが、楽天カードで決済するとポイント付与率は二％になります。年会費無料の楽天カードはお得感があります。楽天カード会員になると楽天市場での利用額が増加するという、会員価値の増大に非常にポジティブな効果が見えていました。

それでもこのような後ろ向きな声を払拭できなかったのは、楽天KCでは、楽天カードのほかに、買収以前から手掛けていたクレジットカードも多く残っていて、当時の全カード会員約三〇〇万人のうちの多くが非楽天カードだったからです。楽天としてはシナジー効果のない非楽天カードはすでに非注力商品としていたものの、楽天カード会員と比べキャッシングを多く使うため、売上への貢献がまだまだありました。損益面では、徐々に非楽天カードの売上が低下する中、楽天カードを積極的に伸ばしてバランスを取っていました。

それ以外にも二つ、大きな問題がありました。一つは資金面、もう一つは過払いです。

資金面では、急増する楽天カードのショッピング債権に合わせて調達額を増加させなければいけないのですが、サブプライム問題が起こってからというものの、銀行の借入枠が厳しくなり、債権流動化の引受先が減りはじめました。真綿で首を絞めるように、徐々に厳しさが増していました。

## 過払い

もう一つの問題、過払いとは、のちに外国人投資家にも「Kabarai」として知られるようになった、貸金業法改正後の利息返還請求のことをいいます。詳しい説明は省きますが、出資法と利息制限法の二つの法律の間の「グレーゾーン金利」で貸し出していた金利部分を、貸主は過去に遡って借主に返しなさい、という、消費者にとっては誠にありがたい、貸金業者にとっては非常に怖ろしい、最高裁判所の判例が引き起こした事象のことです。『火車』という、多重債務から逃れる人生を描いた宮部みゆきさんの小説を読んだとき、利息が雪だるま式に増える恐ろしさを感じましたが、今度は、雪だるま式に増えた利息を請求に応じて業者から返還しなければならないのです。しかも、行政指導で違法ではないとされてきた法改正前の過去の利息収入についても、です。

買収後に始めた楽天カード会員向けにはグレーゾーン金利の貸出は一切ありませんでしたが、買収前の非楽天カード会員からは過払い請求がありました。二〇〇七年度末には過払い引当金を含む二七七億円を損失として計上しました。この損失額は、直近の実績と比較すると約七年分相当で、これだけあれば今後追加の費用はほぼ発生しないはず、と投資家に説明しました。

ところが、二〇〇八年以降、請求額は右肩上がりで増加します。「払いすぎた金利を取り戻しませんか？」という弁護士事務所のテレビコマーシャルが大量に流されていました。その効果で昔の案件もどんどん掘り起こされてきます。まるで「火車」が次々と追いかけてくるようでした。この頃は事業の日報の他に、「過払い日報」というのが社内で経営陣向けに出され、私もほぼ毎日見ていました。自分が投資家やアナリストに説明したことが嘘になっていないか、心配で仕方なかったのです。返還額と返還の代わりに元本を減らす元本充当額は合計で月三、四億円程度だったのが、月七億円以上に増加していました。返還額等が増えていっても決算上は引当金から取崩すので費用は発生しないのですが、七年持つはずだった引当金は三、四年でなくなってしまいそうでした。

投資家・アナリストへの説明をどう行うのか、決算発表の前に楽天ＫＣの社長とスタッフとで打合せを行います。毎回重苦しい雰囲気で過払いの状況を聞きます。今は月に数億円の増加ですが、もし爆発的に増えてしまったら、また大きな損失計上になってしまうかもしれない、そんな恐怖感がありました。すでに信販・クレジットカード業界では、引当金を積み増し損失が拡大する会社が続々と出てきていました。景気が悪化する中、貸倒リスクにも注意を払わなければなりません。信販・クレジット業界に対する銀行の貸出態度はますます厳しくなっていました。一方で、幸いなことにＥＣとシナジーのある楽天カードの業績は健全かつ順調に伸びていました。楽天ＫＣ単体では貸出を渋った銀行も、親会社の楽天に貸し、それを楽天ＫＣに転貸するという仕組みならと了承されました。

「過払いには注意が必要だが、楽天グループにあることで損益面でも財政面でもなんとかマネージできていること」を投資家へのメッセージとして確認する、というのが打合せの毎度のパターンでした。

期待値コントロールの基本は、楽観過ぎず、悲観過ぎないメッセージを出すことです。楽観過ぎれば、もし後で悪い情報が出た時に「嘘つき」「わかっていたはずなのに隠していた」との批判は当然避けられません。かといって保守的に悲観的なメッセージを出し過ぎれば、尾ひれも付いた噂となって市場を駆け巡ってしまいます。

**株式市場にとって楽観には天井がありますが、悲観は底なしなのです。**

そこで私たちが行ったことは、過払いによって発生した返還額等を四半期ごとに、

## 良くても悪くてもきっちり開示する

ということでした。社内の他部門の人に「これは損益に影響ないのに開示に意味があるのか」と聞かれても、「意味があるのです」と押し切っていました。わかる人には、過払いの状況はやや悪化しているが、楽天グループにとっては致命的なレベルではない、という事実が正確に伝わるからでした。

## 銀行業への本格参入

二〇〇八年夏、イーバンク銀行（現 楽天銀行）という、インターネット専業銀行としては最大の口座数を誇る銀行との資本・業務提携の話が持ち上がってきました。イーバンク銀行は決済の速さやコストで革命を起こしたいという理念で作られた銀行で、当時は決済のみの銀行免許を持っていました。インターネット上の送金機能の利便性が高く、楽天経済圏に加えるメリットがありました。融資免許を持たないことから貸出資産はなく、安全性の確保のため日本国債を大量に保有し、収益を確保する目的から一部ハイリスク・ハイリターンの金融商品に投資していました。そのハイリスク資産が、サブプライム問題で不良債権化してしまい、救済を求めることになったのです。資本・業務提携とはいえ、連結子会社化を前提とした動きです。

社長の三木谷さんと当時の副社長はこの話にとても前向きで推進しているとのことでしたが、私は最初に聞いた時、「やめてほしい」と思いました。まず金融事業に対する株式市場の風当たりが強く、銀行業のように資産が大きい事業をグループに入れたら、非難の嵐にさらされるのが目に見えていること。加えてサブプライム問題が広がる中、イーバンク銀行の財務状況悪化の原因がまさにこのサブプライム金融商品にあったからです。「上の人たちは何を考えているのだろう」とメガバンク出身の経営企画の同僚とも話していたほどです。ところが、浅はかだったのは私たちで、この提携には重要な意味があることをすぐに知りました。

まずサブプライム金融商品は子会社化の前にほとんどを売却や減損等で処分してしまい、楽天入りする頃には爆弾のようにはならないことがわかりました。さらに重要なのは、リスクの高い資産の代わりに投資するのは楽天カードの流動化債権ということでした。これはイーバンク銀行にとって安全性が高くそこそこの収入を得られる金融商品への投資となり、楽天ＫＣにとっては資金が得られることになります。楽天ＫＣの悩みの一つが解消に向かうのです。

二〇〇八年九月四日、イーバンク銀行との資本・業務提携を発表しました。リーマン・ブラザーズが破綻する一一日前のことでした。予想どおり批判的な意見がありましたが、戦略上の意義を問う質問が多く、この時点では詳しい財務情報が開示されないこともあり、突っ込んだ質問は少なかったと記憶しています。

次のＩＲの課題は、楽天グループに連結されるときの資産をどのように開示するか、ということでした。私は上司にイーバンク銀行から誰かひとり楽天のＩＲに出向させてほしいと要望を出しました。決済中心とはいえ、銀行業の会計は一般の事業会社や証券会社、クレジットカード会社と大きく異なるもので、私と当時のＩＲのスタッフでは対応が難しいと思われたからです。

イーバンク銀行は上場準備を行っていたため、すでに広報・ＩＲ室という部署がありました。そこのスタッフが一名、楽天のＩＲに加わりました。被買収子会社が親会社のＩＲに関心が薄いこともままある中、パイプ役となってくれたのはありがたいことでした。少し後れて、新卒で楽天の財務に入社して数年経った若いスタッフもＩＲに異動になりました。その前や後にも優秀なＩＲスタッフは大勢いましたが、この時期に加わった彼女たちは数字に強くコミュニケーション力もあり、金融事業の拡大期に即戦力となって大いに私を助けてくれました。

## もうひとつの楽天経済圏

翌二〇〇九年二月、金融庁は楽天がイーバンク銀行の主要株主となることを認可し、イーバンク銀行は楽天の連結子会社となりました。金融庁からは融資に関する銀行免許も与えられ、六月には社名も楽天銀行へと変更しました。楽天銀行の資産構成はこのときから大きく変わり、日本国債が八五％を占めていたのが約五〇％に低下し、代わりに別の子会社で行っていた個人ローンや、グループ内外の債権流動化商品を保有することになりました。サブプライム問題以降、赤字続きだった楽天銀行は連結開始の初年度から黒字を確保できるようになりました。

連結を契機に楽天グループ全体の有利子負債が減り始めます。楽天ＫＣへ転貸していた楽天の負債も削減され、楽天ＫＣ単体の負債もやがて減るようになります。これでＥＣとシナジーの高い楽天カードが拡大していっても資金面での心配が低減されそうです。三木谷さんはこれを「もうひとつの楽天経済圏」と呼んでいました。

このことを楽天銀行を持つメリットとして、IRでは個別ミーティングの時に話をしていました。私は説明会資料のほかに、新しく加わったIRスタッフらが作成してくれた楽天銀行・楽天KCのバランスシートを書いた紙を常に準備し、それを指差しながら関係性を説明していました。提携話を最初に聞いたときの懐疑的な私はすでになく、新たなイノベーションであるこのビジネスモデルにとても自信を持って話していました。

「ふうん」と様子見の姿勢を崩さない人、「楽天銀行の保有資産のリスクがまだあるのでは」と警戒する人、「金融事業のない楽天なら投資したい」と言う人、反応は様々でした。ポジティブな反応は極めて少数派でした。

## ロングオンリー投資家の勝負

そんなとき、ある米国の年金基金運用者の方が楽天のオフィスにいらっしゃいました。

私はまた二つのバランスシートを使って「もうひとつの楽天経済圏」の話を説明しました。ECとカードと銀行がそれぞれ発展していく妄想を定量的に理解したようでした。ずっとメモを取っていたその方は、ペンを置いて、尋ねました。

「なるほど。狙いがよくわかりました。それで、他の投資家の反応はどうなんでしょう？」

「同じようにご説明差し上げているのですが、ほとんどの人がネガティブな反応です」

## 「え、ネガティブなんですか？」

驚いた様子です。隣にいる楽天銀行から出向しているスタッフも続けて答えます。

「はい、そうなんです。『金融はやめろ』というご意見の方がとても多いです」

「そうなんですか。私には、三木谷さんの意図がとてもクリアになりました」

今が投資のチャンスではないかと、非常に前向きになっているようでした。そして、こうつぶやきました。

## 「ロングオンリーは、こういう時に動かないと勝てないんです」

ロングオンリーとは、ロング（買い）ポジションのみで運用する伝統的な手法のファンドです。東証の売買の大半が、空売りも併用するヘッジファンドなどの短期売買やインデックスファンドに占められている中、ロングオンリー投資家が高いリターンを取るのは難しくなっていました。ファンドマネージャーは、成績が悪ければすぐにクビを切られる、厳しい世界です。リーマンショック以降、米国のロングオンリー投資家の間では、日本株を専門とするファンドマネージャーが次々とリストラされていました。この方からは、他人と違うことをしなければ成功、いいえ、生き残りはない、という覚悟を感じました。

その後の調査で、その米国年金基金が先日のミーティング後に購入したことがわかりました。購入株価は五万円前後と推定されました。

## 楽天ＫＣ売却とアナリスト説明会

二年後、二〇一一年六月二日、楽天ＫＣをグループ外に売却することが発表されました。売却に先立ち楽天カード事業は別の楽天子会社に譲渡するため、売却の対象となるのは楽天ＫＣに残された非楽天カード事業のみです。過払いの請求は楽天ＫＣという会社に付いてくるものなので、リスクをほぼすべて手放すことができます。過払い処理の代償は大きく、売却に伴い一〇〇〇億円近くの損失が出る見込みと発表しました（最終的に発表された損失は税効果後で六七八億円）。

午後三時一五分に発表し、すぐにアナリスト・投資家向けの緊急説明会の案内をメールで送りました。その日のうちに五〇人ほどのアナリスト、投資家、金融機関関係者が大手町の貸会議室に集まりました。

説明会では、ＥＣ事業とのシナジーを背景に急成長する楽天カード事業にハイライトを当てる一方、過払いリスクがいかに足かせとなっていたのかを説明しました。巨額損失にまだ戸惑いの見られるアナリストからはこんな質問がありました。

「楽天ＫＣを売却せずにずっと保有していたと仮定すると、過払い費用の総計はいくらになると見積もっているのか？　この損失額（一〇〇〇億円の見込み）と比べてどうか？」

楽天側からは本音が出ました。

「経営の判断としてはこのくらいの損失を出してでも過払いの処理をしたい、ということです」

「過払いのリスクがあることで、楽天カード事業で思いきった施策を取ることができませんでした。ようやくこれで攻めに転じることができます」

一時間半ほどの説明会が終了し、私は関係者席から立ち上がり、顔見知りのアナリストや投資家のところへ駆け寄りました。反応を訊くためです。自然と五、六名が集まりました。長く楽天を担当していて、影響力のある人ばかりです。私はこの人たちにも、「過払いは注意が必要だが、楽天グループとしては致命的でない」というメッセージを継続して出していました。開示し続けてきた過払い関連の指標はこの数四半期停滞していて、引っ掛かっていたトゲのようなものに見えていたことでしょう。抜かれたトゲの大きさには驚いたかもしれません。少しドキドキしていましたが、この施策には自信がありました。

集まったアナリストのひとりが、ひと言ひと言区切るように、私に向かって言いました。

「これは、いい話、ですよね?」

「はい、いい話です！」

即答した私に対して別のアナリストも続きます。

「ちょっと、損失の金額が大きくて驚きましたが、これでリスクが一掃されるのであれば、いい話ですよね？」

「はい、今まで過払いが怖くて、やりたいことができなかったんです。格付けも維持できますし」

会場では、格付け会社が同日発表した、楽天の発行体格付に関するプレスリリースも配布していました。アナリストの方たちは、お互いに顔を見て、軽くうなずきあっているように見えました。

この瞬間、市場のコンセンサスが出来上がりました。

## 評価一変、株価上昇

説明会の翌週、株価は大きく上昇しました。説明会後に各証券会社から出されたアナリストレポートはおおむね好意的なものでした。社内には、損失額が大きすぎてネガティブな反応が出ることを怖れていた人も多く、その人たちにとってはやや意外な株価の反応でしたが、私には当然と思えました。

発表の直前、株式市場は楽天カードの成長性や楽天経済圏における楽天銀行の重要さを理解し始めていましたが、金融事業全般への評価を変えるほどではなかったと思います。そこに一番のリスクの過払いがなくなることが、評価を一変させるきっかけになりました。リーマン・ショックから市場が少しずつ立ち直るタイミングにもうまく乗ったのでしょう。

これ以降、「金融事業はやめてほしい」という投資家はほとんどいなくなりました。「リスクが消えた。今なら楽天に投資できる」という投資家の声が多数寄せられました。金融とECのシナジーが、妄想から、投資家も信じる未来に変わりました。楽天が金融事業に参入してから八年目のことでした。

## We won！

しばらくして実質株主調査を行い、楽天KC売却発表前後の変化を見ました。新たに楽天の株を大きく買った機関投資家が何社もある中、数少ない売り手の中に例の米国年金基金を見つけました。他の人が手を出さない時に買い、他の人がようやく買う時に売る、ロングオンリーとしての鉄則を貫いたようでした。この二年間でおよそ七〇％上昇した株価で売却したと推定しています。あの方は勝ったのです。

**保有されていた株が売られて嬉しいと思ったのは初めてのことでした。**

誰も理解してくれない苦しい時に新しい価値創造の仕組みを見抜いてくれた方が儲かる

のなら、いいことだと思ったのです。他に買い手が大勢現れたので、株価は堅調でしたし、お互いにハッピーなwin-winのケースでした。

株価とは美人投票ですから、皆が良いと思わないと上がりません。でも皆が良いと思ったときにはもう遅いのです。投資家からの質問に、よく「他の投資家は何と言っていますか?」というものがあります。この質問に、客観的に大多数の投資家の判断を伝えること、そしてそれらの投資家にまだ見えていない価値を伝えることが、お互いにとって良いきっかけになるかもしれません。

# 第6章

# 東日本大震災と直後の株主総会

# 三月一一日

二〇一一年三月一一日、午後二時四〇分頃。私は社長室の前にいました。ある投資家へ社長名でレターを出すことになり、サインをもらう予定で待機していました。三月一一日は三木谷さんの誕生日で、社長室の周囲は珍しくゆったりとした雰囲気でした。数分後、秘書の方から入室ＯＫのサインをもらって社長室に入ると、テーブルにはお祝いの品の上質そうな中国茶器がありました。

「三木谷さん、お誕生日おめでとうございます。先日お話した投資家へのレターです。サインをください」

「はいはい」

机から万年筆を取り出してこられ、サインをしようとした瞬間です。ドドドドドッと縦に揺れた後、大きく横に揺れ始めました。テーブルの上にある中国茶器がカチャカチャ音を立てます。ドアがバーンと開き、社長室長が入ってきて「大丈夫ですか⁉」と叫びなががら茶器を押さえます。壁際に置いてあったモニターを兼ねた五〇インチクラスのテレビが、ぐらん、ぐらんと前後に大きく揺れて倒れそうになり、私は怖さで一瞬立ちつくしてしまいました。

「危ないよ！　テーブルの下に入って！」

三木谷さんに言われてテーブルの下に入って揺れが収まるのを待ちました。揺れが収まると、三木谷さんはすぐにテレビを付けて、震源地を確認しました。宮城県沖であることがわかると、仙台にある支社や楽天イーグルスのスタジアムとの連絡、サーバーの無事の確認など、思いつく限りの指示を社長室長に出しました。窓からはお台場で煙が上がっているのが見えました。私はしばらく茫然としていましたが、指示が出尽くすのを待ち、レターをもう一度差し出し、サインをもらいました。部屋を出るとき、三木谷さんが阪神淡路大震災で叔父夫婦を亡くされたことを思い出しました。

東日本大震災のその日、私は都内で働く他の多くの人と同様に帰宅難民になり、会社の近くに住む同僚の家に泊まることになりました。この日は金曜でしたが、日曜にはＣＦＯの髙山さんが米国投資家訪問のため出張に出発する予定でした。最初は予定どおり出発するのだと言っていましたが、翌日には出張を取り止めることになりました。

月曜午前は普通に出社したものの、その後、社員の半数は自宅待機することになりました。髙山さんが米国で会う予定だった投資家、私が東京で会う予定だった投資家にミーティングの中止を伝えました。

株式市場は大荒れです。三月一一日、地震発生から場が閉まるまでの十数分間の間、急落の後の急回復で一万円台を維持したように見えました。証券会社では、ものすごい横揺れの中、机にしがみつきながら注文を出すトレーダーの猛者が何人もいたそうです。しかし、原発事故が明らかになった一五日には日本の未来に暗雲が立ち込め、日経平均は八〇〇〇円台前半まで下落しました。国家の機能停止までには至らないことが判明し多少回復しましたが、非常事態であることには変わりありません。

## 送られた想い

世界中からお見舞いの声が届きました。幸いにも楽天グループの社員に犠牲者はなく、建物などの物理的な被害も限定的でしたが、海外の機関投資家からは、安否を気遣う言葉と、被害に遭われた日本国民へのお悔やみの言葉がメールや電話で伝えられました。ニューヨーク、ボストン、サンフランシスコ、ロンドン、エジンバラ、シンガポール、香港。投資家たちから、古くからの友人として、心のこもったお言葉をいただきました。彼らは職務上、投資先の安否確認の必要があるはずですが、私が会社の被害状況を言うと、そんなことは後回しとばかりにさえぎり、私自身と私の家族の無事を尋ねてきます。無事と答えると安心され、日本の状況に対しお悔やみの意を表される「My condolences」という英語を様々な言い回しで何度となく頂戴しました。それに対して「Thank you」としか返せない自分を歯がゆく思ったほどでした。しかし、日が経つにつれ、海外投資家は、直接の被害が少ないのは良かったが、間接的な被害がどの程度あるのかを気にするようになってきたようでした。

もちろん社内では、楽天グループの社員が無事で被害が限定的だから良かったとは決して思っておらず、運命共同体である楽天市場の出店者や楽天トラベルなどの契約施設の中には大きな被害を受けたところがあるのを三木谷さんも社員も心配していました。何より、楽天イーグルスの本拠地がある東北地方では多くのファンの方が被災されているのです。物流が分断されてモノがあっても届けられない状態です。人道的な意味でも、経済的な意味でも、被害を調査するために、直後から毎週の予算会議は震災の影響を報告する会議に変わりました。同時に、被災者への支援を議論する場でもあり、同規模の災害が東京で起こることを想定したあらゆる対策を講じて報告する場にもなりました。サーバーの場所についても何度も議論が重ねられました。

投資家の疑問や不安に答えるため、事業への影響を何かしら伝えなければ、と思いました。ですが、証券取引所のガイダンスによると、楽天では適時開示するほどの経済的影響はありません。適時開示でないプレスリリースとして、会社として三億円、三木谷さん個人として一〇億円の義援金を寄付すること、楽天ポイントやクレジットカード、現金での義援金を一般から受け付けることなどを発表し、それに楽天としての被害は限定的である文面を軽く添える程度としていました。私はこれだけでは今ひとつ投資家の不安を拭えていないと感じましたが、他社を見ても、被害が少ない会社については同様の対応でした。

心配してくれた株主の皆さんを安心させるため、もう少しだけ情報を提供したい、と私は思っていました。

## 株主総会

一二月決算の楽天は、三月三〇日に定時株主総会を予定していました。株主総会の会場の赤坂プリンスホテルでは、余震の発生に備えたリハーサルが繰り返されました。いったん中断して同じ場所で再開するケース、別の場所に避難し、後日「継続会」という名称で続きを行うケース、避難したのち解散するケースの三パターンです。壇上の議長席の足元には、停電に備え、株主の皆さまを避難経路に誘導するための拡声器が置かれていました。

株主総会は、その性質上、会社法と定款に従い、毎年同じような議事進行で進むものですが、この年は、いつもと違う五分程のアナウンスで本番が始まりました。

「三月一一日に発生した三陸沖を震源とする東北地方太平洋沖地震により、亡くなられた方々のご冥福をお祈り申し上げますとともに、被災された皆様、そのご家族の方々に対しまして、心よりお見舞い申し上げます」

それに続けて、楽天グループの被害として、楽天市場の出店店舗のうち被災した店舗数、物流網が回復していない地域では配送に遅れが生じていること、東北地方の楽天トラベルの契約宿泊施設および楽天ＧＯＲＡでの契約ゴルフ場のうち被災し営業を停止している軒数、楽天イーグルスでは本拠地の球場が被災しシーズン開始が遅れていること、などが述べられました。義援金などの被災者支援の取組みと復興への祈りを添えて、アナウンスが終了しました。

通常の株主総会が始まります。

「定款の定めに従い、私が議長を務めさせていただきます」

いつものセリフです。なぜか、株主総会の時に限っては、三木谷さんは微妙な神戸アクセントで話します。議決権個数と出席株主数を報告し、会社法上の事業報告を行い、質疑応答を経て、議案の採決を行います。

余震の発生もなく、無事に株主総会が終了しました。私は議長席のすぐ後ろに座っていたので、三木谷さんが使うことのなかった拡声器が、足元で邪魔になっていたのがよく見えました。

株主総会終了後、オフィスに戻り、メールを準備しました。被害に遭った楽天市場の店舗数、楽天トラベルと楽天ＧＯＲＡの契約施設数、楽天イーグルスのシーズン開始の遅延日数、物流網の状況などをまとめ直し、英訳したものです。その内容を大株主と、とりわけ心配してくれた機関投資家の方々に対し、株主総会終了の報告とともにメールしました。ほとんどの方から内容を見て安心したと返事があり、心遣いに応えることができたとホッとしました。

## 社会的利益と投資家

二〇一一年五月の第1四半期決算発表では、日本の消費者マインドが四月中旬から急速に改善し、自粛ムードだった旅行もまずまずの予約状況だったことが報告できました。自粛より経済活動を続けて復興に向かう日本人の心境の変化に、外国人投資家も注目しました。

記憶に強く残っているのは、不幸にも実店舗も家も津波に流されてしまった出店者が、楽天市場での事業再建へと歩みはじめた事例でした。私がその話を聞いたのは、震災直後の被災地での「物資がない」問題が一段落し、「仕事がない」問題が深刻となった時期でした。その店舗は震災以前から楽天市場を通じて全国にファンが大勢いました。「楽天市場があれば、待っているお客さまのために、また店をはじめられる」と前に進むことができたと聞きました。

このエピソードを、IRミーティングの際に話したところ、投資家から「それは楽天ならではの支援ですね」と好意的に受け止められました。創業時、インターネットの公平性を用いて地方を活性化しようとはじめたサステナブルなビジネスモデルが、そのまま復興の基盤として使われたことが株式市場から見直されたと感じました。

インターネット上で呼びかけた義援金は、多くの金額が集まっていました。楽天だけでなく、これまで新興企業と見られていた他のインターネット企業も、本業を通じた支援を実行しました。それらの取組みは、インフラとして深く浸透したインターネットの力を強く印象付け、何本ものアナリストレポートとなって世界中に発信されました。

非常時、世の中全体が社会的な使命を果たそうとする中、株式市場も、経済的利益と社会的利益を両立させる企業を好ましいとする姿勢が見られたのです。

# 第7章

# 一円ストックオプション導入とSR

## 薄氷の特別決議

二〇一二年三月も終わりのことです。定時株主総会が終わり、重荷から解放された私が桜の咲き始めた陽光の中、会場からオフィスに戻ると、オフィス待機組だった上司がひきつった表情でパソコンに向かっています。普段は穏やかで冷静な方なので、どうしたのかと思い、声を掛けると、

「ストックオプションの議案の賛成率が……ギリギリ……」

総会の終了後、議案ごとの賛否と賛成率を報告するため金融庁に提出する書類を準備をしていたところでした。特別決議であるこの議案は、出席株主の六六・七％の賛成が必要ですが、パソコンの画面に見える数字は六七％でした。

### 晴れ晴れとした気分から一転、凍りつきました。

楽天の株主構成は、創業者の三木谷さんとその関係者により議決権の約四五％（二〇一

一年末）が保有されており、それまで株主総会での議案の賛成率はおおむね九〇％以上で、否決を心配することがありませんでした。実はこの年から総会に発行を付議したストックオプションの種類が一般的なものから一円ストックオプションに変更されていたのですが、過去の高い賛成率の経験から、この議案でも、議案の意図を説明し理解を求めるなどの事前の株主への働きかけも特に行わずに株主総会に上程したのです。甘く見ていたとしか言いようがありません。総会の場でも「三分の二以上の賛成により可決いたします」と議事を終えてしまいました。報告書提出の前に、事前に行使された株主の賛否結果に三木谷さん関係者分の票を集計したところで可決ギリギリであることが判明したのです。当日会場で議決権行使書を提出した少数株主の票を集計して六八％台に乗り、その数字で金融庁に提出しました。

　この日から、ＩＲのミッションにＳＲ（Shareholder Relations）、株主向け活動も加わりました。

# ストックオプションは経営の根幹

楽天では、社員に株主と同じ目線に立って働いてもらうために、業績連動報酬の一部としてストックオプションを活用しています。企業価値の向上という成果を経営者、一般社員、株主との間で分け合い、

## 同じ船に乗る（in the same boat）

ことが経営上の重要な施策であるとの強い信念に基づいています。投資銀行出身の経営者らしく、株式を活用した報酬こそ、株主価値を高める源泉と信じているのです。そのためストックオプションは、ほぼ毎年、一定以上の役職の従業員にインセンティブとして幅広く付与していました。創業まもないまだ無名の頃の楽天にリスクを取って入社し、業容拡大に貢献した古参社員の中には、ストックオプションの売却益で裕福になった人が何人かいました。

ストックオプション以外にも、株式を使ったインセンティブ施策として、私の記憶では二〇〇六年まで三木谷さんは自分の保有する楽天株式を毎年ひとり一株ずつ、社員に贈与していました。三木谷さんから株券とご自身の言葉で書かれたメッセージレターをひとりひとりに手渡しする儀式はベンチャー企業らしく、私には新鮮に映りました。楽天株式会社単体の従業員数が一〇〇〇人を超えた頃、株券電子化と手続きの煩雑さなどを考慮したのか、株式贈与はなくなりましたが、企業価値の増大による恩恵を、文字どおり分け合う姿勢が見られました。

これらの施策は、楽天の一般社員の株価やＩＲへの関心の高さの一因となっていて、社内を歩いていると「最近株価好調だね」とか「なんで株価下がっているの？」などと声を掛けられる頻度は前職に比べとても高く、またその相手も役員から若手一般社員まで多岐にわたっていました。楽天の社員は総じてＩＲ活動にも非常に協力的で、他社のＩＲ担当者からよく羨ましいといわれていました。

楽天の経営の根幹ともいえるストックオプションの発行・付与がもし否決されていたとしたら。今思い出してもとんでもない危機であっただろうと冷や汗が出ます。

# 反対の理由

どういう株主が、なぜ、一円ストックオプションに反対していたのでしょうか。当時の株主構成は、三木谷さん関係者四五％、海外機関投資家が三五％、国内機関投資家七％、一般個人とその他が一三％でした。個人投資家の行使率は低く、主に機関投資家から反対されました。

## 反対理由のひとつは行使価格と行使条件のバランスでした。

二〇一一年まで発行されていたストックオプションは、無償で発行し、行使価格は付与時の公正価格（時価）で、行使期間四年、行使条件は行使時に会社に在籍していることというものでした。仮に二〇一二年に発行されたとして仕組みを説明すると、二〇一二年三月の時価を概算で八七〇円とすると、これが行使価格となります。二〇一六年三月に行使可能になったときにストックオプション保有者は一株あたり八七〇円を払い込み、現物株を手にします。二〇一六年三月の株価は約一〇八五円なので、このときに売却すれば差額の二一五円が利益となります。しかしそのようにタイミングよく株価上昇時にストックオプションを行使できるとは限らず、株価が行使価格より下落すれば行使する動機がなくなります。実際に二〇〇六年に付与し二〇一〇年に行使可能となったストックオプションの中には、そのようなアウト・オブ・ザ・マネーのストックオプションが多くありました。

また欧米の制度下で発行されるストックオプションと比べ払込時に現金が必要となるため使い勝手が悪いとも指摘されていました。株価上昇のペースによりますが、前述の仮定のケースに当てはめれば、行使価格約八七〇万円分のストックオプションを付与したとすると、四年後に得られる報酬（利益）は二一五万円になりますが、行使するためには現金八七〇万円を準備しなければなりません。楽天は海外でのM＆Aが増加しており、被買収子会社の経営陣が優秀であるほどその引き留め（リテンション）が重要になっていました。

シリコンバレーの大手IT企業では大卒一年目の社員にも年棒一〇〇〇万円とストックオプションが報酬として与えられるといわれていました。従来のストックオプションでは、買収時の報酬パッケージの交渉の材料として弱いことが懸案となっていました。日本で外国人エンジニアを採用する場合も同様の問題が出ていました。国内の日本人の従業員でも、ストックオプションの行使時に手元現金が足りず、すでに行使して現物で保有している株を売却することで、資金源とするケースも多々ありました。

そこで、新しく提案されたのが、行使価格一円のストックオプションでした。行使条件は、以前と同様、行使時に会社に在籍していることです。一円ストックオプションでは、株価が低水準の場合でも、行使可能期間が到来すれば一定の利益を得ることができます。行使時に株価が低迷していてもインセンティブ効果を失うことがありません。また、権利行使にあたって手元現金を用意する必要がないことも問題のひとつを解決することになりました。付与対象者を入社二年目を含む幅広い層に広げることにもつながりました。

しかし、一円ストックオプションは、解決できる課題がある一方で、株価が低迷していても利益を手にすることができるのでは濡れ手に粟ではないか、とも考えられます。株主が株価低迷に苦しんでいる一方で役員や従業員が利益を手にすることができるのは不公平ではないか、投資家の懸念はここにありました。そのため、一円ストックオプションに賛成するには、その行使条件は単なる勤務条件では足りず、業績達成要件などが必要という基準を持つ機関投資家が多くあったのです。それが海外機関投資家の反対理由でもっとも多いものでした。

## 株主との対話

この年の秋口から、株主総会の前に、ストックオプションを含めた議案について、株主への事前説明を行うようになりました。まず議決権保有比率上位の三、四社の機関投資家から理解を得ようと、コンタクトをはじめました。このように株主に次の総会に諮ろうと考えている議案の説明を行い、お互いの理解を深める対話を通じ、議決権行使を促し、ひいては議案への賛成を求める活動をSR活動といいます。

長年大きな議決権個数を保有しているある海外投資家が一円ストックオプションの議案に反対していたため、先方のガバナンス担当者と電話会議を設定しました。ガバナンス担当者は、投資判断を行うファンドマネジャーとは異なり、議決権行使判断を担います。ストックオプションを使った報酬の設計を主管する人事部門にも電話会議に出席してもらい、固定給与や現金でのボーナスと、業績連動型のボーナスとしての一円ストックオプションの割合を示す資料を、役員と一般社員の別で準備してもらいました。

「一円という非常に低い行使価格にもかかわらず業績達成要件がないため、株主と同じ目線になっていないことが反対の理由です」

機関投資家は、反対の理由を繰り返しました。

楽天側からは、次のように伝えました。

「一円ストックオプション付与を含む報酬の査定にあたっては、グループの営業利益の目標達成度、部門業績、個人業績を反映しています。業績が悪ければ付与されるストックオプションも減りますから、業績連動報酬のひとつと位置付けています」

この解説では投資家はまだ納得しません。

「単年度業績の達成度を反映するというだけでは、短期志向となるのではないのでしょうか」

「インターネット業界や当社の事業戦略の変化の速さを考慮すると、中長期では営業利益などの絶対値を業績目標に掲げるのは今のところ難しいと考えています。行使可能となるまでの四年間で業績が向上すれば株価は上昇するはずで、中期のインセンティブ効果もあります。報酬設計において、一円ストックオプションを大胆に付与することで、付与時点より行使時に株価が低下すれば、従業員はこれを報酬の目減りと捉え、株主と利益も不利益も共有する（Share the gain, Share the pain）仕組みになっています」

出席した人事担当の執行役員が、自らの現金ボーナスおよびボーナスとしてのストックオプションがどのように変化したのか有り体に説明し、将来の株価が下落すると報酬が減って困ると感じている実情を話しました。決して楽をしてボーナスが得られるのではなく、インセンティブ効果が従来のストックオプションより強いという実感を切々と語りました。またグローバル化にともない、日本国籍以外の人材採用を加速しているが、海外のストックオプションと同等の効果を持つ株式報酬が必要であることも訴えました。

後日、返事がありました。この機関投資家のガバナンスの基準には形式的には合致していないが、長年の経営者との信頼関係と電話会議の内容を踏まえ、今回のストックオプションの狙いについては一定程度納得したとのことです。ただし、すべてではなく、その投資家内では二つのファンドで保有しているので、ひとつのファンドが保有する分は賛成を、もうひとつのファンド分は反対をする、ということでした。半分でも賛成票として読めることはとてもありがたく、少し安心しました。

別の大株主である海外機関投資家からは、「私たちの基準では希薄化率がもっとも重要な判断基準ですが、今回の提案内容に特に問題はない。問題がなくとも、導入の意図などの説明が事前にあることは好ましい」とのフィードバックがありました。

ある米国の投資家に対しては「ＩＴ業界での人材獲得競争は日米を問わず激しい。楽天の発行するストックオプションはリストリクテッド・ストック（譲渡制限付株式）と同様の効果を期待するものだが、（当時）日本ではリストリクテッド・ストックは制度上整備されていないため、一円ストックオプションを導入した」という説明をしたところ、納得されました。

また、ある海外の政府系ファンドからは「当社は通常は議決権を行使しないが、楽天から丁寧な説明があったので検討し、賛成で行使をした」と連絡がきました。

機関投資家に大きな影響力を持つ議決権行使助言会社ともミーティングを行い、趣旨の説明を行いました。

二〇一三年三月の株主総会の数日前、上位数社の賛否ヒアリングを集計すると、賛成率は七〇％を超える予想となりました。これで安心して総会当日を迎えることができました。

## 社外取締役・監査役の役割と報酬

その後、ストックオプションの内容はインセンティブ効果を検証し年を追って変更され、またそれに合わせる形で招集通知での議案の書きぶりも変えていきました。株主構成も変化しますから、新しい株主への説明も必要でした。SR活動は一五社程度が対象となりました。

二〇一四年頃から国内の機関投資家の割合が増加し、ある年から国内機関投資家向けの個別訪問をはじめました。

国内機関投資家の反対理由で多かったのは、付与対象者に社外取締役や監査役が含まれるため、というものでした。社外取締役や監査役は中立的な立場で監督・監査すべきであるから、固定報酬であるべき、という理由でした。楽天の言い分は、社外取締役や監査役は、株主総会で株主に選任され、株主に代わって経営の監督や監査を行っているのに、株主価値に責任を負わないのはおかしいのではないか、というものでした。

ある大手米系機関投資家のガバナンス担当者からは、

「以前は社外取締役と監査役へのストックオプションの付与をともに反対していましたが、社外取締役は株主価値向上の責務を負っている一方、監査役は中立的な立場で監査を行うものなので、監査役への付与のみを反対とするように変更しました」と説明を受けました。

これに対して「監査役はリスク管理などを通じ、株主価値の毀損を防止することが責務ですから、株式報酬を付与する意味があると思いますが、どうでしょう」と質問してみると、

「そうですね。そういう考え方もありますが、当社は報酬面では株価と連動すべきでないと考えています。経営の考え方の違いなのかもしれません」という答えが得られました。

## 同意見ではなかったものの、この対話には納得感がありました。

国内機関投資家の数社では、「楽天のストックオプションの意図については理解できましたが、当社のルールでは社外取締役の付与にも監査役への付与にも反対することとなっているので判断は変えられません」と説明されました。そのルールの根拠は何かと質問すると、一様に「アセットオーナー（資金の出し手である年金基金など）の基準です」という返

事です。形式的に決まっているので説明を受けても変えられないとのことでした。

丁寧な説明を行ってくれた機関投資家もありました。社外取締役や監査役がどんな形であれ株式報酬を得ると、短期的な株価向上・維持のため経営判断を鈍らせてしまう恐れがあるとのことでした。しかし、その主張が性悪説に基づくとしても、行使できるのは四年後以降で、しかも毎年少しずつ付与されていますから、目先の株価下落を回避したいがために中長期的な経営判断を誤る、ということはないように私には思えました。

ではその投資家の主張と同じ論理で、社外取締役や監査役の現物株の保有は問題になりそうだが、役員選任議案に影響があるのかと質問したところ、そこには「特にアセットオーナーからの基準は設けられていない」とのことでした。

議論は平行線となってしまいました。

一定数の機関投資家からの反対が見込まれるため、議案を付与対象者別に三つに分けることにしました。取締役（社外取締役を除く）・執行役員・従業員向けと、社外取締役向けと、監査役向けです（それぞれ子会社および関連会社を含む）。三つの議案とも無事に承認可決されましたが、予想どおり、監査役向けの議案の賛成率がもっとも低く、次に社外取締役向けが低い結果となりました。

# 今後の株式報酬のあり方

楽天は、二〇一八年の定時株主総会で、社外取締役及び監査役を付与対象者とする一円ストックオプションを議案として上程しませんでした。社外を除く取締役、執行役員、従業員向けの一円ストックオプションのみを議案とし、七七・六三％の賛成を得て承認可決されました。業績達成要件は未だ付けていません。万一承認されない可能性を考慮して対象者を限定したと推測します。

株式報酬制度とは、経営哲学や経営戦略と表裏一体であるというのが私の考えです。株主価値を、どの程度、役職員に意識させるのか、そして、役職員個人の株主価値向上への寄与の程度をどう見るのか、といったことです。

たとえば、シリコンサイクルに翻弄されやすい半導体事業を営んでいた前職では、一般従業員の努力と株価がかけ離れることが多く、株式を用いたインセンティブは、ごく一部の上層部に限られていました。一方で、楽天のように、比較的幅広い層の従業員の努力が業績向上に結びつきやすい企業の場合には、株式報酬を幅広く付与することが効果的だと思われます。

ストックオプションには、ここで取り上げたタイプのストックオプションのほか、株主総会の決議を経ずに取締役会決議で発行できる有償ストックオプションなど、さまざまな種類があります。株式を活用した報酬のひとつとして、近年、日本版リストリクテッド・ストック（譲渡制限付株式）も法制度が整備されました。それぞれ、インセンティブ効果や事務手続き、税制、費用処理などが異なるので、企業の特徴や付与対象者の属性などを考慮し、設計することになるのでしょう。

SRではない、通常のIRミーティングでも、役員報酬の設計の考え方への質問が少しずつ増えてきたと感じています。特に、短期・長期のインセンティブを、固定報酬対比でどのように付与しているのか、という点に関心が高いようです。

また、社外取締役・監査役に対する株式報酬については、ともに議論の余地を残していると考えています。監査役が主に守りのガバナンスを担っているのに対し、社外取締役においては、守りだけでなく、株主価値向上のための「攻めのガバナンス」を担っているという認識が広がりつつあるように思います。行使可能となるまでの期間を長めに設定したり譲渡制限などの条件を付けたりして、社外取締役向けの株式を用いた報酬が、投資家に受け入れられることを期待しています。

今後も企業側、株式市場側でこの分野の試行錯誤が続くと思われます。将来重視されるのは、やはり、経営哲学との一体性となるのではないでしょうか。

第8章

# 東証一部上場と楽天イーグルス日本一

## 新ＣＦＯの就任

二〇一三年の年明け、ＣＦＯの髙山さんに会議室に来るように言われました。時期的に本決算や株主総会の準備で何か話があるのだろうと思って会議室に入りました。が、ここで伝えられたのは、思ってもいなかった言葉でした。

「今年三月末の任期満了後、取締役を退任し、楽天を辞める」

とても驚きました。髙山さんが楽天からいなくなってしまうことなど考えたことがなかったのです。髙山さんの部下となってから六年超、二人三脚でＩＲ活動を行い、厳しい局面をともに乗り越えてきました。投資家からの信頼も絶大です。かつてエクイティファイナンスの憶測で株価が急落した際、髙山さんがあるカンファレンスでその噂を完全否定し戦略を説明したところ、プレゼンテーションの最中に買い注文が入り、株価が急回復したこともあったほどです。そんな髙山さんが去ることに動揺する私にこう続けて言いました。

「後任は山田さんだから。知ってのとおり、彼なら任せられるから」

常務の山田善久さん（現・副社長）は当時、楽天トラベル事業と楽天Ｅｄｙ事業を担当していましたが、実は高山さんの前のＣＦＯでもありました。日本興業銀行で三木谷さんや高山さんの一期上の方です。日本興業銀行からゴールドマン・サックス証券を経て楽天に入社し経営の一翼を担い、一時楽天を離れていた時期は自分で会社も興していました。バランスシートでいえば、資産も負債も株主資本も使い方がわかっている人です。今振り返ると、この後押し寄せる激動の時期を乗り切ることを考えると、高山さん以外にＣＦＯができる人は山田さんしかいなかったかもしれません。

二月中旬、本決算発表と同時にＣＦＯ交代を発表しました。翌週には主要な株主がいる世界五都市を高山さん、山田さん、私の三人で訪問し、新ＣＦＯのコミュニケーションに支障が出ないよう配慮しました。

三月に入ると上司は山田さんに変わりました。山田さんは新しい挑戦と合理的なことが大好きな人です。山田さんにとっては二回目のＣＦＯという職責ですが、十年近くが経過し、以前とは会社の規模も社内の人材も様変わりしています。すべての業務について根拠を尋ね、改善できるものは改善し、新しい取り組みが必要なら一緒にそれに挑戦する、という前向きなエネルギーを感じました。親分肌の髙山さんとはタイプが異なり、ピッチでともに走るキャプテンのように、山田さんから次から次にパスが来るようになりました。

## 東証一部へ行こう

新しい挑戦のひとつが上場市場の見直しでした。楽天は二〇〇〇年四月に株式を公開後、新興市場のひとつであるジャスダック市場（当時・大阪証券取引所）に上場していました。すでに時価総額では新興企業ではないと言われて久しく、それまで東証一部への市場変更を何度か検討はしたものの、真剣に取り組んだことがありませんでした。ひとつには、M&Aが頻繁にあり、東証一部の審査の最中に大きなM&Aが起これば、長丁場の審査がやり直しや延長となることが予想され、なかなか踏み切れなかったことが理由に挙げられます。市場変更の準備を担う人材確保も必要でした。

この頃、私が課長を務めていた財務企画課は、優秀なスタッフに恵まれていました。元キャリア官僚、元バイサイドアナリスト、元セルサイドアナリスト、元会計コンサル、そして新卒で楽天に入社し鍛えられた人材。彼ら彼女らの貢献で、財務企画課としては一般的なIR・SR活動以外に、格付け会社の審査対応、組織再編などの特命事項を担っていました。このチームでジャスダック、東証一部、米国市場の比較を行いました。

まず米国上場については、法的リスクの大きさや上場維持コストの高さが問題となりました。日本企業で米国上場している企業の株式売買取引の日米比率を見ると、米国の証券取引所での取引の割合はほとんどが一割以下で、コストに見合っていないという結論になりました。唯一、米国でのブランド価値向上の効果が評価できましたが、検証困難で、同じ金額でマーケティングを行った方が効果的ではないかという意見もあり、決め手とはなりませんでした。どちらかといえば、米国上場せずに適格機関投資家のみに取引者が限定されるレベル1のADR（米国預託証券）発行の負担の軽さやリスクの小ささに魅力を感じました。

次にジャスダックに留まることと東証一部に市場変更することとの比較です。山田さんから皆に質問です。

「ジャスダック市場にあることで何かよいことってあった？」

「特にありません。昔は、新聞の証券欄の新興市場の売買高などに頻繁に社名が載ることがメリットだったようですが、今は、それ以外でも新聞に取り上げられますから」

と私が答えました。

「じゃあ、楽天以外で、時価総額がそこそこ大きくて東証一部に移行していない他の新興市場の会社は、なぜ新興市場に居続けるの？　マザーズ市場だったら同じ東証だから一部への審査が難しくないんでしょ？　新興市場のメリットって何かあるからじゃないの？」

「流動性の問題が大きいと思います。一部への指定替え条件のひとつの、流通株式数（比率）が上場株券等の三五％以上というものです。オーナーや親会社などの保有比率が高い会社ですね。楽天は、この流動性を含め形式要件はすべて満たしていますので影響ありません」

「わかった。じゃあ、東証一部のメリットは？」

「確実に大きなメリットがひとつあります。ＴＯＰＩＸに入ることです」

数名が口を揃えて言いました。東証一部に上場すれば自動的にＴＯＰＩＸの構成銘柄のひとつになります。ＴＯＰＩＸに連動するインデックスファンドは多数あり、金額も非常に大きく、楽天が一部上場すれば、TOPIX組入れ時に、一時的ではありますが数百億円の資金流入があると予測されていました。特に国内機関投資家はインデックスファンドが大きく、TOPIXによって国内機関投資家の株主比率増加が見込まれました。TOPIXに入った後は流動性が高まる効果が予想されました。山田さんの質問が続きます。

「国内機関投資家の株主比率って少なかったよね」

「はい、オーナー持ち分を考慮しても同業他社より少ないです。楽天は順張りの海外投資家の株主比率が高いので、逆張りの個人投資家やそのどちらでもない投資スタイルの国内機関投資家はもう少し増えてもよいのでは、と思います」

「個人投資家は東証一部には賛成だよね、きっと。海外投資家が保有分を減らしたら困るけど、それはどうなの？　関係ないの？」

「海外投資家にとっても、流動性が上がることはポジティブなことだと思いますよ。注文一回当たりの金額が大きい投資家は日々の流動性が低い株に手が出せないんです」

「なるほどね」

さらに、海外の投資家の一部には、アジアのいちローカルマーケットであるジャスダック市場の上場審査を信用しておらず、日本株は東証一部上場企業にしか投資しない、という基準を設けているところもありました。楽天株を購入する際はそのような基準の例外手続きを取っている海外投資家もいたようです。定量的な予測が難しいものの、この点もメリットと思われました。

「よし、じゃあ、東証一部へ行こう！」

検討の結果、東証一部への市場変更を行い、同時にレベル１のＡＤＲを発行するという目標が立てられました。

## プロジェクト立上げ

三木谷さんのＧＯサインを経て、二〇一三年四月にプロジェクトチームを立ち上げることになりました。責任者は山田さんです。事務局は配下の財務企画課から二名、内部監査部から一名、経理から二名の五名の少数精鋭メンバーです。財務企画課のふたりのうちひとりは元官僚で文章力と交渉力はピカイチで、本件のプロジェクトマネージャーを務めます。もうひとりはコンサル時代に上場支援を手掛けていました。他の三名も専門性があり、ベストメンバーです。

ほぼ専任となる事務局のほか、人事、法務、総務、リスク管理などのバックオフィス部門や、主要子会社の経営管理担当を含め数十人がプロジェクトに加わりました。私は通常業務を行いながらプロジェクトのステアリングコミッティーのメンバーとして定期的に報告や相談を受ける立場になりました。前職での経験や、現在の職務のＩＲで得ている社内外の情報を基にしたアドバイザーのような立ち位置です。

上場時期の目標はプロジェクト発足の八カ月後、一二月です。一般的な上場スケジュールよりきわめて短く、事務局に選ばれた人たちは少々不安そうでしたが、このメンバーの能力と現在の楽天の体制なら困難なことではないと伝えました。形式基準はすでに満たしていますから、実質的な審査をこなし、上場審査書類である「Ⅱの部」を書き上げることが要件でした。

# 東証一部への関門（二）　内部コントロール

上場審査においてもっとも重要なのは、内部管理体制が整備されていることを示すことです。私が楽天に転職した二〇〇五年当時の内部管理体制は非常にぜい弱でした。記憶では、内部監査を担当する人は一名、連結決算の作成と有価証券報告書を作る経理社員は三名程度、経理全体でも一〇名強、会社のルールである規程はスカスカ。「とんでもない会社に転職してしまった……」と思ったものです。

そのぜい弱さは二〇〇六年から二〇〇七年にかけて発覚した決算短信や有価証券報告書の誤りとその訂正などに現れました。当時、急激な事業成長に加え、海外のM＆Aや特定子会社（SPC）を通じた株式投資など、難易度の高い案件が急増する会社の状況に人材採用も仕組みも追い付いていませんでした。いずれも不正などを意図しない「ミス」ですが、内部コントロールの欠如でした。決算短信や適時開示の訂正を何回も出したことでジャスダック証券取引所に経緯書を提出したことも私の知る限り二回ありました。ミスを起こしてしまった人はとても申し訳なさそうでしたが、その人を責める気にはなれませんでした。

そのような痛い目にあった経験から、その後は専門的な人材の採用が続々と進み、規程やルールを数年掛けて整備していきました。東証一部上場を目指すこの頃には、それにふさわしい体制が出来上がりつつありました。

東証審査の前段階である、引受証券会社による審査の過程で、二〇〇六年から二〇〇七年にかけての決算訂正について質問がありました。その頃と比べ大幅に強化された経理部門と内部統制体制を説明して事なきを得ました。

経理部門では、遡ると二〇〇八年に始まったＰｒｏｊｅｃｔ Ｖという全社横断プロジェクトが転機だったと私は思います。このプロジェクトの表向きの目的は生産性・収益性の向上でしたが、本当のきっかけは管理会計上の業績の見込みと財務会計の実績との差が大きすぎることに業を煮やした三木谷さんが、内部管理の向上のために立ち上げたものでした。

当時の経理担当の常務と執行役員のリーダーシップの下、五〇以上ある事業のオペレーションの隅々まで経理・事務の問題を精査し、紐解いていきました。Ｐｒｏｊｅｃｔ Ｖ

に各部門から選抜されたメンバーは、意識付けのためにお揃いのショッキングピンクのウィンドブレーカーを着ていて、その背中には一文字一五センチ角くらいの大きさで「経理 事務」とでかでかと書いてありました。売上・費用の管理方法や収益認識基準など、あらゆる点を見直したことで管理会計の精度が向上したのです。それが実現してはじめて、予実管理の精緻化と費用効率化が可能となりました。

経理人材は楽天単体でも三、四倍の人数になった上、子会社内の経理チームに人材を配し、充分な連携が取れるようになりました。公認会計士などの資格を持つ経理部員も増えました。

また、二〇一二年からＩＦＲＳ（国際財務報告基準）を適用したことはさらなる内部統制制度の充実につながりました。日本会計基準の下でＪ－ＳＯＸ（内部統制報告制度）が適用される範囲よりもＩＦＲＳの下でＪ－ＳＯＸが適用される範囲の方がやや広く、Ｊ－ＳＯＸ対象の子会社数が増え、一層の充実を図っていました。

内部監査部は十数名となり、会計監査、システム監査、オペレーション監査の仕組みを整えていました。監査役や監査法人との連携もきちんと行っていました。過去の実績と今後の計画を審査に提出し、質問とそれに対する回答をこなしながら確実に審査要件をクリアしていきました。

労務面では、かつての楽天とは働き方も大きく変わり、労働基準法関連では大きな問題になりそうものがない、と事務局から早い段階で聞きました。引受証券会社の担当者からもそう言っているのを直接聞き、安心しました。確かに私自身も私の周囲でも、以前のような無茶な仕事ぶりをすることはなくなっていました。

規程類はRGR（Rakuten Group Regulation）という全世界共通の規程が日本語と英語で揃っていて、WEBラーニングによる定期的な研修で全社員に徹底されていました。

楽天本体以外では、重要な子会社も審査の対象になります。適切な審査を行う上で必要になる重要な機能を持つ子会社や、資産や売上などで重要性のある子会社が審査対象に選ばれました。

事務局のメンバーは毎日粛々と質問への回答と書類の作成を行います。東証の審査の前に証券会社の引受審査があるのですが、ここでほとんどの問題を潰していきます。他部署の助けが必要となると、担当役員への依頼は山田さんが行い、スムーズに進みます。財務企画課の事務局メンバーのふたりが遅い時間まで残っていることもありましたが、ほぼスケジュールどおりで進んでいきました。

私の出番は想定よりずっと少なくなりました。管理体制の充実とプロジェクトメンバーのチームワークの良さを実感しました。

## 東証一部への関門（二）　業績予想

証券会社の引受審査が一段落し、二〇一三年八月に東証に上場申請を行い、審査の書類である「IIの部」を提出しました。その後、ヒアリングが中心の東証の審査が始まりました。ここで楽天が決算短信で業績予想を開示していないことが議論になりました。株式公開以来、一度も業績予想を開示していなかったためです。

これまでは、その理由を次のように決算短信に記載していました。

「当社及び当社グループ各社の事業には、事業環境の変化が激しい国内外のインターネット関連事業のほか、金融市場の動向等により業績が左右される証券業をはじめとする各種金融事業が含まれており、業績の予想を行うことが困難であるため、業績予想については記載しておりません」

東証からは、ジャスダックで株式公開した頃と異なり、事業も安定してきていて、業績予想が出せるのではないか、投資家のために「できれば」業績予想を出してほしい、と言われました。事務局メンバーからまず私に相談がありました。

最初に聞いたときには特段強い要望ではないように思えました。というのは、政府の「新成長戦略」の一環で、二〇一二年三月に、東証から出された「業績予想開示に関する実務上の取扱いについて」という指針において、業績予想の開示そのものを行わないことや、従来の表形式以外の柔軟な業績予想の開示が認められるようになっていたからです。この文書の策定のきっかけとなった研究会に参画した他社のＣＦＯから、無理に業績予想を開示することの弊害が問題視されたことがこの指針策定の背景と聞いていました。

事務局にはこれまでどおり業績予想は出さないと東証に伝えてください、とお願いしました。

しばらくして、追って文書でも理由を回答しました。

## 「業績予想の開示を行わない理由をあらためて説明してほしい」

との連絡があり、東証を訪問して説明することになりました。他の懸案事項もあるので、二〇分程の予定でした。

まず私から、質問しました。

「昨年三月に出された東証の指針で、業績予想は必ずしも開示する必要がなく、また開示を取り止める場合にも事前相談は特に要しないとされていますが、業績予想は必要なのでしょうか？」

「その指針はありますが、東証としては、投資家のために業績予想の開示は行っていただきたいのです」

「ここに来る前に弊社を担当する五、六人の投資家やアナリストにヒアリングしましたが、業績予想を出してほしいという人はいませんでした。理由として挙げられたのは、業績予想はアナリストの仕事と考えておられること、楽天の場合は業績予想がないコミュニケーションスタイルに慣れていて特段不自由がないこと、などでした。前年比の成長率などがコミュニケーションのベースになっていて、それを変えられるのは戸惑うという意見がありました」

「よくわかっているアナリストはそうかもしれませんが、幅広い投資家のために業績予想の開示を行っていただきたい。開示しない理由をお聞かせください」

私は提出済の文書に記載した理由を丁寧に説明することにしました。

「当社の属するインターネット業界全体の動きが激しく、予想が難しいです。環境の変化に素早く対応するには、既存事業だけでなく新規事業の開始やM&Aなどの施策を短い間で決断し実行することが多々あります。このような事業環境のもとでは、業績予想を開示することはかえって投資家をミスリードすることになります。業績予想の達成にこだわり一年間の売上や利益を約束することになれば、自らを縛り、中期的な株主価値向上のための戦略的な事業機会を逸する恐れもあります」

東証の担当者は一応じっと聞いているようなので続けます。

「それに、大手証券会社のほとんどが株式市況の不安定さを理由に業績予想を公表していません。楽天には傘下に楽天証券があります。それも理由です」

ひととおり話し終えましたが、東証の担当者はそれでうんとは言いませんでした。

「予想の精度の問題なら、年間予想ではなく四半期予想なら出せるのではないでしょうか？」

「市場の関心が短期化するだけなので、それは避けたいと思います」

私は前職から続く長いＩＲの経験から、業績予想を出す必要性を感じなくなっていました。業績予想の精度が低く、投資家をミスリードする例は様々な業界で問題になっているようにも見えました。前職ではシリコンサイクルを読めずに下方修正を繰り返す経験をしました。

精度の問題以外でも、市場の短期的な視点を強めているのではないかという懸念が企業側にありました。インターネット業界の他社のＩＲ担当者からは、業績予想があることで、投資家の関心が短期の予想達成に集中し、せっかくの好決算の中身や成長戦略に焦点が当たらない悩みをよく聞いていました。一部のセルサイドアナリストからも、業績予想があることで超短期売買のトリガーが増えるので、会社の予想はない方がいい、という声がありました。

ＩＲの現場にいない東証の担当者には、私の拙い説明ではそのニュアンスがなかなか伝わりませんでした。プロの投資家と個人投資家との情報量の差などについても議論になりました。

二〇分の面談予定が四〇分程になってしまい、時間切れで別途検討することになりました。部屋の外に出ると、次に入る予定のリスク管理部の方がずっと廊下で待っていたことに気づき、申し訳なく感じ、頭を下げて帰りました。

オフィスに戻ってからいろいろ考えてみることにしました。何か出さないことには一部上場が認められない気配です。一般的な形である一年間の売上収益や利益で業績予想を出すことになると、予算とは別に、投資家をミスリードしないための数字を業績予想として作ることになるでしょう。私は前職で、米国の投資家から「業績予想とは市場とのコミットメントだから、社内のストレッチ予算を業績予想として出すべきでない」と厳しく言われたことがありました。

ＩＰＯと同時ならともかく、ＩＰＯから一二年以上が経過している今の楽天で、社外向けと社内向けのダブルスタンダードを作ることは経営の在り方が変わってしまうように思われます。全事業部と経営陣で長い時間を掛けて合意に至った予算を楽天社内ではコミットメントとし、毎週の朝会ではその達成状況を追ってきました。それとは異なり数人で作成することになるであろう「読み」の精度が会社の業績予想として出すコミットメントの精度になるのでしょうか。予算達成のために日々努力している社員にも、誤ったメッセージを与えてしまうのではないか。楽天の企業文化と合わないような気がしました。

米国企業で業績予想を中止した企業のその後の変化について書かれた論文が、日本証券アナリスト協会の会報誌にありました。ひと言でいうと、業績予想を中止する企業はたいてい財務状況が悪化しており、中止後、アナリストの利益予想のばらつきや精度の低下が見られ、資本コストの上昇につながるので問題である、という趣旨でした。

しかし、そのように事業環境が不透明な状況にある会社が無理に合理的な根拠のない業績予想を出しても、アナリストの予想精度の低下は避けられないのではないかと私は思いました。楽天はまだ合理的な予想を出せるような状況にはありません。元々業績予想を開示していなかった会社が予想を出すようになるとどう変わったか、という論文は私の知る限りでは見つかりませんでした。

指針の内容をもう一度読みました。一般的な業績予想のように売上収益や利益などを表形式で記載する方法に限らず、ＫＰＩを予想として開示することや、自由記載も認められています。「業績予想は会社のコミットメントではない」と書かれていますが、株式市場はコミットメントと受け止めていると思いました。また、策定の基礎となった研究会の資料を読んでいると、日本市場特有の業績予想というシステムが、企業と投資家との対話のツールとなっているという一文がありました。

## 業績予想は対話のツール

これがヒントになりました。楽天の投資家との対話のベースは、期待値としてこれまでと同程度の前年比成長率を維持することにあります。成長率の変化が株価の変化に即つながる状況にありました。実際の機関投資家とのミーティングで期待値コントロールとして行っている定性的な説明を、業績予想として記述することを考えました。つまり、これまでどおり高成長の継続が見込まれる分野と、積極的な先行投資を行う分野とを、分けて説明を行い、一時的な特殊要因があればそれを補足をする定性的な内容です。これであれば個人投資家にも機関投資家と同じようなメッセージを出すことが可能となります。東証からは、合理的な業績予想を数値で出しにくいことを理解され、定性的な予想を記述することでOKをもらえました。

実際に上場後の決算短信で開示した内容の一部を抜粋します。

平成二六年一二月期（次期）の連結業績予想については、株式市況の影響を大きく受ける証券業を除いた連結の売上収益、営業利益は、平成二五年一二月期（当期）を上回ると見込んでおります。

（インターネットサービス）『楽天市場』及びトラベルサービスにおいては、売上収益の高成長が見込まれ、利益についても相応の成長を想定しております。（中略）市場拡大、当社グループサービスの向上等に伴った流通総額の増加傾向は、引き続き強いモメンタムを維持すると見込まれます。他方、中長期的な利益成長が期待されるものの、黎明期にあるコンテンツサービス、物流サービスに代表される新規事業においては、戦略的な先行投資を行う予定です。（中略）

（インターネット金融）クレジットカード関連サービスにおいては、当期と同水準の高い売上収益の成長が見込まれます。新規会員獲得に伴うマーケティング費用の増加を考慮しても、当期の利益を上回る見込みです。（中略）

（その他）通信サービスにおいては安定的な利益成長が見込まれます。（略）

## 楽天イーグルスの日本一と見えない価値

東証の審査が進む中、楽天にとって大きな出来事が起こりました。傘下のプロ野球チームの楽天イーグルスが日本一になったのです。球団創設九年目の万年Bクラスのチームがパ・リーグを制しただけでなく、日本シリーズで読売ジャイアンツを破りました。二年前の震災からの復興のための勝利を誓い、それを成し遂げた監督や選手たちへの称賛とファンへの感謝、そして喜びで楽天社内は包まれました。社内だけではなく、世の中も感動させました。そして日本一を決めた直後にはじまった楽天の全サービスで実施された記念セールには、通常のセールの何倍ものアクセスが押し寄せ、経済効果も非常に大きいものとなりました。この時、日本のインターネットトラフィックの一五％を楽天が集めたといわれています。多くの人の心を動かすスポーツの持つ力を実感しました。

プロ野球チームを保有していることは、球団設立以来、常に株式市場の批判の対象でした。批判の理由は赤字であることと、インターネット事業とのシナジーがわかりにくいことでした。しかし、楽天イーグルスは初年度からブランド価値を高めることに大きく貢献し、ＥＣ事業の出店申込者や金融サービスの口座開設者の急増をもたらしていました。折に触れ、この見えない価値の説明を続けてきましたが、とりわけ海外の投資家には理解してもらえませんでした。しかし、この日本一への軌跡がブランドイメージを向上させ、収益への貢献も果たしたことを証明しました。九年目にして、ようやく、プロ野球チーム保有への批判がなくなりました。

## 「資金調達しない」選択

楽天イーグルスの快進撃の効果と、アベノミクス効果で好調な株式市場もあり、この半年間の楽天の株価はじわじわと上昇しました。プロジェクト発足時の四月の株価は一〇〇〇円そこそこで、前回の公募増資の発行価格の九六一円（株式分割調整後）と大差ありませんでした。東証一部への市場変更と同時に公募増資を行うケースは多いのですが、この株価の状況では、株主のことを考え、公募増資を行う考えはありませんでした。

ところがパ・リーグ優勝を決めた二〇一三年一〇月にはご祝儀相場なのか、株価が一四〇〇円を超える日も出てきました。ここで引受証券会社から「株価も上昇してきたことなので、やはり公募増資も行いませんか。数百億円だけでも」という打診がありました。CFOの山田さんの元に、財務とIRのスタッフ数名で集まります。山田さんの問いかけに対し、それぞれ思ったことを言います。

「ねえ、どう思う？　一部上場と同時に公募増資ってどうなの？」

「増資するなら資金の使途が明確でないと。よくある一部上場のついでにご祝儀でやりました、という理由には、投資家は納得しませんよ」

「確かに引受審査という点では追加の作業負担は少ないですが、それはこちらの都合ですよね」

「資金が入ればもちろん使い道はありますが、今はフリーキャッシュフローがしっかり出ていますし、金融事業もうまくお金を回しています。銀行の貸出態度も良好ですから、株主資本で増強する必要性はありません」

「資金使途を考えると前回より小さめの数百億円規模の調達になりそうですが、その中途半端な金額で株式市場に悪い影響を与えたくないですね」

色々と皆の話を聞きましたが、山田さんも、元々同じ意見だったようです。

「株価は多少上がったけど、資本構成上の必要性が感じられないよね」

引受証券会社には、公募増資は行わないことを山田さんから告げました。

## 東証一部への関門（三）　社長面談

東証の審査が進み、様々な指摘事項への対応を済ませ、内部管理については問題がないと認められました。反社会的勢力のチェック体制の審査も終わりました。

上場予定の数週間前、審査も終盤です。東証の上場担当の役員と三木谷さんとの面談が設定されました。

一般的には、経営者に対し、経営理念、ビジョン、株主対応の考え方、内部管理体制の状況、などをヒアリングするとされています。前日には想定される質問リストを社長室に提出していましたが、三木谷さんはいつもと変わらない様子でした。公開企業となってから一二年が経過しているので、IRミーティングと同じように率直に答えるつもりのように見受けられました。

楽天側は、社長の三木谷さん、CFOの山田さん、財務執行役員、事務局メンバー、私です。東証の役員と担当者の方が部屋に入り着席した時は、三木谷さんより東証の役員の方が少し緊張しているように見えました。

「楽天イーグルス日本一おめでとうございます」

「ありがとうございます。皆さまの応援のお陰です」

まずは野球の話から入り、お互いの緊張がほぐれました。ジャスダックから東証一部へと移行を希望する理由が質問されました。

「そろそろ一流企業の仲間入りをしたいと思いました。一般消費者からの見られ方もさることながら、投資家からの見られ方も変わると聞いています」

経営者が語るのはTOPIXなどの実務的な理由よりは、そういう大局観のある回答が似合います。続けて経営理念や事業戦略などの質問に移りました。この辺りは三木谷さんの得意分野です。いつものIRと変わらず、「エンパワーメント」と「楽天経済圏」を語りました。海外展開などの中長期の事業展望やガバナンスについても軽快に受け答えを進めていきます。

## 東証からの質問が変わりました。

「ヴィッセル神戸との関係なのですが……」

プロサッカーチーム、ヴィッセル神戸の運営会社は、三木谷さんの個人の資産を運用する会社が所有していました。神戸出身の三木谷さんが、神戸市長からの依頼を受け、個人として二〇〇四年にチームの営業権を取得し、財政・運営のバックアップを引き受けていたものです。とはいえ、ユニフォームには楽天のロゴが入りましたし、スタジアムにも楽天の広告を出していました。

このような役員個人と会社との取引は「関連当事者取引」といい、一般に、上場にあたっては少数株主の利益を損なう恐れがあるので可能な限り解消するよう求められます。それまでは、楽天の有価証券報告書の注記に、この取引を「関連当事者取引」とし、取引金額に加え第三者と同等の取引条件であることを付して開示していました。

「ヴィッセル神戸を楽天グループの傘下に加えることを、約束してくださいますか」

「わかりました。ヴィッセル神戸運営会社の取得は、当初、故郷への社会貢献の意味合いがありましたが、近い将来グループ入りさせることにします。楽天イーグルスの例で、スポーツはグループ全体に大きなメリットがあることがわかったので、いいタイミングだと思います」

その次に話題となったのは、投資家・アナリストとのコミュニケーションや、IR活動についてでした。その年にあったアナリストに関する適時開示の件です。三木谷さんは、いかにIRを重視しているか語り、山田さんはそのアナリストの方と楽天との長年のコミュニケーションと経緯について事実を端的に述べました。私は山田さんとともにこの適時開示の中心的な役割にありましたので、ジャスダック証券取引所の日頃の指導を踏まえこの件を一般的なプレスリリースではなく適時開示としたことを説明しました。東証とジャスダックとでは、適時開示規則の運用に異なる点があり、事前相談するよう東証からはその場で指導され、三木谷さんは「承知しました」と返事しました。

これで審査が終わりました。

## 上場承認と記念配当

二〇一三年一一月二六日、東証一部への上場市場変更の承認が下りました。この日、適時開示は四本ありました。東証一部上場承認に加え、レベル1のADR発行、株主優待制度の導入、配当予想。「東証一部上場及び東北楽天ゴールデンイーグルスの初優勝を記念した配当」を期末配当に加えて上乗せする配当予想のことです。国内機関投資家向けのインパクトが大きい東証一部上場、米国機関投資家向けのADR、個人投資家向けの株主優待、そしてすべての株主への感謝を込めた記念配当。四件の施策を同時に発表することで効果を高めようと狙ったものでした。

発表の翌日の始値は、前日の終値から一二・八％上昇し一六一九円となりました。一時は一六三七円をつけ、上場来高値を記録しました。九カ月以上にわたるプロジェクトの努力が報われる瞬間でした。

## 五穀豊穣の鐘

一二月三日、いよいよ東証一部上場です。この日に合わせて新聞広告も打ちました。東証で上場記念セレモニーが行われます。三木谷さんら経営陣は日本取引所グループの役員としばらく談笑したのち、東証アローズの二階に向かいます。案内された二階バルコニーのような通路に来ると、一階上部にある円形の電光掲示板に「祝上場　楽天株式会社」の文字がぐるぐる回っているのが見えました。

やっとここまで来た、と思いました。

一階の大きなスクリーンにも、青い背景に電光掲示板と同様の祝いの文言が表示されていました。上場通知証と記念品の贈呈式、記念撮影を終え、次はセレモニーのハイライトである打鐘です。二階のVIPルームに掲げられている三〇センチくらいの金属製の鐘を小槌で五回、五穀豊穣の祈りを込めて打つのが慣わしです。ひとりで五回打っても、複数人で分けても構わないのですが、三木谷さんは最初の一回をコーン、と鳴らした後、他の人たちに打つよう促しました。ふたりで小槌を持てばあと八人が打てます。前職では見ているだけだったこの儀式、今回は残りの八人の中に入れました。三回目の鐘を事務局メンバーのひとりとともに力強く叩きました。木製の小槌で打った鐘の響きは、長い余韻を残しました。

東証一部上場で、名実とも一流と言えるようになりました。個人的には、「実」である、内部管理体制のお墨付きをもらえたことに感慨を覚えました。以前は、大人びて見えても中身は子どものような会社だった気がしますが、ようやく〝大人〟になったと思いました。「とんでもない会社に入ってしまった」という後悔はかなり前になくなっていました。大きく骨組みのしっかりした船に乗っているような感覚になりました。

株式市場から見ると氷山の海面下に隠れている部分ですが、

## 内部コントロールがきちんとしていなければ、期待値も妄想もコントロールできません。

時価総額やマスメディアの評価などとは関係なく、「いい会社になった」と素直に感じられるようになったときでした。

# 第9章

# ヤフー・ショッピング
# 無料化

## セブの英会話学校

二〇一三年一〇月初旬、私はフィリピンのセブ島にいました。休暇ではありません。リゾート地から遠く離れたセブ市内にある英会話学校での一週間の研修に、会社から派遣されていました。楽天は二〇一〇年に社内公用語の英語化を宣言し、二〇一二年七月には完全実施していました。英語化の最初のステップはＴＯＥＩＣ八〇〇点の達成でしたが、次のステップの目標はスピーキング能力習得でした。ＴＯＥＩＣ八〇〇点をクリアしているがスピーキングテストの成績の良くない社員を会社の費用で英会話学校に送って特訓するという取り組みの一環でした。私は帰国子女でもなく海外留学経験もありませんが、海外投資家との対話の実践を通じて鍛えられ、ＩＲの英会話なら九割以上の自信はあります。しかし、普通の英会話は七割程度の自信しかなく、スピーキングテストで機械判定されるスコアは四回トライしても目標に届きません。

ＩＲでの英会話力は非常に重要です。長期的な視点で企業を評価する大手機関投資家は海外に多くあります。大事な投資家との信頼関係を築くため、英語のＩＲミーティングのやり取りは完璧に近づけたいし、ディナーなどでの何気ない会話も上手にこなしたい。セブの英会話学校への派遣研修は、集中して英語を学べる絶好の機会です。時期的には四半期決算の谷間でＩＲはそれほど忙しくありません。東証一部上場の審査中でしたが、プロジェクトは順調で一週間なら都合が付けられそうでした。英語の堪能なＣＦＯの山田さんは必要性を認めてくれ、「仕事のことは忘れて英語力を磨いてきなよ」と背中を押されてセブにやってきたのです。

研修の初日、同時に送り込まれた七名程の楽天社員と一緒に夕食前の休憩に入ったところです。皆そろそろ会社に一報入れるというので、私もフィリピン人講師の質の高さなどをネタに雑談でもしようと日本のオフィスに電話してみました。新卒で楽天に入社した手塩に掛けて育てている若手女性社員が電話口に出ました。

「どう？　何かあるー？　こっちは講師の発音が意外にキレイで教え方もいいよー」

「あ、市川さん、あ、今日、ちょっと、ヤフーの発表があって、えっと」

何か焦っているようですが、ヤフーの決算発表日はもう少し先の予定です。

「えっと、ヤフー・ショッピングの無料化が発表されて、それで問い合わせが……」

「え？」

「あ、電話が。また後で連絡します。じゃなかった、英語がんばってください」

ガチャ。切れました。何のことでしょう。

## ヤフー・ショッピング無料化

ヤフー・ショッピングは、楽天市場と似たような、出店者を集めたＢｔｏＢｔｏＣのマーケットプレイス型ＥＣサイトです。楽天市場と同様、出店者は、月額固定の出店料金に加え、売上に応じた課金手数料、決済手数料、ポイント負担金などを支払います。そのうち月額固定の出店料は楽天では最低で月額一万九五〇〇円、ヤフーでは最低二万五〇〇〇円でした。ヤフーがこの料金を無料化するという発表が、この日ヤフーの親会社であるソフトバンクの孫社長からなされたのでした。

ヤフー・ショッピングの流通総額（取扱高）は当時、楽天の四分の一程度でしたが、「eコマース革命」と題した孫さんの力強いプレゼンテーションの影響力は大きく、発表直後から楽天へのマイナスの影響をいぶかるアナリストや投資家からの電話やメールの問い合わせが相次いだようです。先程のガチャ切りはアナリストからの電話がかかってきて私の電話を切らざるを得なかったと推測しました。

そんなことも知らずに英語の発音は喉の形が大事とかスピーキングで複数形が落ちる癖を直そうとかいうレッスンを受けていた私でした。私はＩＲの責任者なのにこんなところにいていいのでしょうか。ようやく事態を把握したのでもう一度オフィスに電話を掛けてみることにしました。同じ社員が出ました。

「市川さん、さっきは失礼しました」

「いや、こっちこそ。事態が呑み込めてなかったのでごめん。それで、セブからアナリストに連絡とかした方がいい？　何かやってほしいことある？」

「いえ、大丈夫です。山田さんが、市川さんには英語に集中してほしいから、連絡しなくていいって言ってました」

「あ、そうなの？　本当に大丈夫？」

「たぶん。さっきから山田さんがみんなに指示出しまくってます」

ＩＲのスタッフの席が集まる島は山田さんのデスクの目の前にあります。多方面から来る問い合わせや意見を総合し、楽天市場の責任者とも相談して対応を決めているようです。

「なので、英語がんばってください。私にも機会が回ってきたら行きたいので、帰ってきたら話を聞かせてください」

「うん、英語はいいけど……。山田さんがそう言ってくれるなら、そうするけど……。一応明日も連絡するね」

英語どころではなくなってしまったような気がしましたが、上司と部下を信じて、そのまま英語に取り組むことにしました。夜も英語プレゼンテーションの予習に取り組みます。セブの英会話学校の寮のベッドの硬さと近所のニワトリの鳴き声で熟睡できず、翌朝になりました。

## 東京の株式市場では、楽天とヤフーの両方の株価が急落していました。

前日の終値と比較した始値の下落幅は、ヤフーが約九％であるのに対し、楽天のそれは約二〇％とかなり大きいものでした。売買高は両社とも通常の日の数倍です。時差が一時間あるので、午前のレッスンが始まる前に電話してみます。

「市川さんの席に山田さんが座って指示してます。大丈夫です」

私の席は皆に声が掛けられるようにIRと東証一部プロジェクトのある財務企画課の島の中央です。窓際の山田さんの席からはほんの二、三メートルほどですが、その距離の移動ももどかしく、真ん中で采配を振るっているようです。席は構いませんが、念のため山田さんとも直接話したいので電話を代わってもらいました。

「市川さん、研修はどう？　こっちは少し大変だけど、なんとかなるよ。今、市川さんの席を借りてる。この席いいね。仕事のことは忘れて、研修がんばってね」

狭くてすみません、と思いつつ、そこまで言われたら信じるしかないので、研修期間をまっとうすることにしました。

# 市場の評価

英語漬けの一週間を終え、帰国しました。研修期間中、海を見られたのは帰国日の朝の散歩の一〇分間だけでした。スピーキングテストのスコアは少しだけ上がりました。

問い合わせの件数は減少したものの、株価はまだ元の水準には戻っていません。楽天市場は対抗値下げを行わないという意思が株式市場に伝わり、短期的な収益低下という株式市場の考える最悪シナリオの不安は払拭したものの、競争環境悪化の脅威がくすぶっている状態でした。

楽天市場とヤフー・ショッピングは一見似ていますが、根本の思想やビジネスモデルの考え方は違います。ヤフーは日本最大のポータルサイトで、広告モデルです。一方、楽天は会員モデルで、会員向けにサービスを提供する出店者との共存共栄ビジネスです。出店者はかなり重複していますが、楽天の厚いサポート体制は真似されておらず、それは一店舗あたりの売上高の差に反映されていました。その差は当時約三倍でしたが、固定費無料化の発表後、ヤフーでは新規出店者数が大幅に増えたため、差は大きく広がります。

ヤフーでも商品が売れれば課金手数料は払う必要があります。出店者は「量が売れる楽天」と「固定費が無料のヤフー」とどちらを選ぶのか、業績への影響をどう見るのか、楽天とヤフーを担当するアナリストらは分析を行い、投資家にそれぞれ見解を伝えていました。

長期的には伸びしろのあるEC市場がこの件で活性化し、この局面で株価が下落した両社とも買いである、と評してくれるアナリストもいました。このシナリオに個人的には賛同していましたが、株式市場はなかなか乗ってくれず、株価は低迷し続けました。

今振り返ると、これはビジネスモデル対ビジネスモデルの勝負であり、EC事業のみの収益性を論じるのはやや狭いものの見方だったと思いますが、ビジネスモデル論が株式市場から出てくるのはずいぶん後のことでした。

ヤフーの発表から数日経った頃です。小売とECを担当する外資系証券会社のセルサイドアナリストから連絡がありました。その方の担当する上場小売企業の中には、楽天市場とヤフー・ショッピングの両方に出店していて、自社でもECサイトを運営する会社も数社あります。それらの会社の話を聞くと、楽天とヤフーと自社サイトではそれぞれ異なる特色があり、悔しいが自社サイトでなく楽天経由がもっとも売れていて、そこには楽天ならではの優位性があって、簡単には崩れないだろうと言っているそうです。その話を投資家に伝えるとある程度納得してもらえるそうですが、間接的な話には限界があるようです。そこで、出店者から投資家に直接話してもらえば、きっと信じてもらえるので、そのようなミーティングを開催しないかという企画提案でした。

山田さんが楽天市場の責任者と相談した結果、ぜひ開催しよう、ということになりました。タイミング良く、全国から出店者が集まる機会が数日後にあり、楽天の他にヤフーやアマゾン、自社サイトなどを通じてＥＣを行っている経験豊かな出店者を何社か招くことができるとのことです。アナリストの方からは、国内だけでなく海外機関投資家も招きたいので、その証券会社の海外のオフィスと会場をビデオ会議でつなぎ、同時通訳も入れて開催する案をもらいました。

時差を考えると開催時間は午後一〇時頃からになります。楽天も海外の投資家に聞いてもらいたいと思っていたのでこれに賛成です。唯一の懸念は、第３四半期決算発表日が近づいていて、通常であれば未発表の決算情報が洩れるリスクを回避するため、クワイエットピリオドとしてＩＲミーティングを行わない時期であることでした。この点は、ミーティングの内容を決算情報以外に限定すると参加者に周知することで解決しました。

## 楽天市場出店者と投資家の対話

一〇月中旬のある日の午後九時半、千代田区の証券会社のオフィスに四社の楽天市場出店者の代表（店長）が集まりました。本番直前の軽い下打ち合せです。楽天からは山田さん、ＩＲスタッフの他、楽天市場担当の常務と執行役員も同席しました。

四社の代表者とも出店者のコミュニティの間では有名な店長で、楽天市場の役員とは旧知の間柄ですが、山田さんと私たちはお会いするのが初めてです。夜遅くに他社のＩＲ活動に協力してくださることに山田さんから丁寧に感謝を伝えました。アナリストからも出席のお礼と、投資家たちが高い関心を持っていること、会議室内に日本の投資家が一〇名弱来ており、さらにニューヨーク、ロンドン、香港、シンガポールの四拠点から数名ずつが参加する予定であることを伝えました。出店者のひとりが答えました。

「趣旨はお聞きしています。楽天市場のイベントがあるときは、いつも五次会くらいまであるので、このくらいの時間を取るのは問題ありませんよ。これは三次会かな。それより、話をする際の注意事項はありますか」

「楽天に出店していることのメリット・デメリットを率直にお話していただきたいのです。投資家はヤフーや他のＥＣサイトとの比較に関心があります。楽天の出席者は、インサイダー取引防止のため、未発表の四半期決算内容について示唆しないよう注意が必要ですが、出店者の皆さんは、特に話してはいけないことなどはありません」

## 「思ったことを話していいのかな？」

「はい、その方が私たちも助かります。それから、同時通訳が入るので少しゆっくり話してくださるとありがたいです」

下打ち合せはごく短時間で終わり、和やかに雑談しつつ本番を待つことになりました。開始時刻となりました。各地との接続を確認の上、モデレーターであるアナリストが参加者へのお礼で口火を切りました。楽天側の参加者からのコメントは挨拶程度で、すぐにバトンを出店者たちに渡します。

それぞれの自己紹介から入ります。大手家電量販店のEC部門、日用品・健康食品分野のEC企業、メンズファッションEC企業、ファッション・雑貨EC企業の四社の責任者たちです。それぞれ、事業や、楽天や他のサイトでのEC運営状況などを説明します。ほとんどの出店者が楽天での売上が一番大きいと明かし、中には、楽天への出店を止めることはない、と早々に明言する人もいました。投資家は、その差はどこから来るのか知りたがっていました。

ひと言で説明するのは難しそうで、それぞれの方が考えながらお話しはじめました。

「楽天のユーザー数の方が多いことはもちろんですが、おそらく楽天とヤフーとアマゾンでは、ユーザー層が異なるのだと思います。売れ方や、売れるものが異なります。楽天での売れ筋の商品が他で売れ筋とは限りません」

補足として、楽天の出席者から男女比や年齢層などを答えました。別の出店者が続きます。

「セールやポイントなどへの感応度も違いがあります。私たちは、それぞれ別のセールスチャネルだと考えています。ヤフーの固定料金が無料と発表になった後、今のところユーザー側の動向には特に変わりはなく、すぐに方針を変えることはありません」

「システム上の機能も違うので、店づくり、つまりページ作りに差が出ます。それから、検索ランキングのルールも異なるようです。店舗数がどっと増えて玉石混交となり、実績もあって管理もきちんとしている店舗が検索の上位に来なくなるのは私たちにとっては好ましくありません」

ある海外の投資家から、誰もが気になっている質問がなされました。

「ヤフーの月額固定料金が無料になり、ヤフーサイトの消費者向けの価格を値下げしますか？」

これには、大手家電量販店のＥＣ部門の責任者の方が答えました。

「当社は、自社ＥＣサイトでも、楽天でもヤフーでもアマゾンでも、価格は統一していま す」

手数料の比較では安い順に、自社サイト、ヤフー、楽天、アマゾンとなりますが、チャネルによって価格を変えていないそうです。誰もが知っている量販店だったため、投資家側からは驚きとも安堵とも取れる反応がありました。価格差がある店舗もないわけではありませんが、少数派であることを楽天側から申し添えました。

楽天のＥＣコンサルタントなどのサポート体制について質問がありました。これにはファッションＥＣでは伝説的な出店者が、事業の成長期での楽天の役割について話をしてくれました。楽天がなかったら、ＥＣコンサルタントがいなかったら、これほど事業を大きく成長させられなかった、と。さらに楽天市場の出店者同士のつながりが非常に大きい力になっていて、このようなコミュニティは他社にはないものだと話をしてくれました。ミーティングを通じて、出店者らの率直な回答から、複数のチャネルをしたたかに使い分ける経営者としての姿が見え隠れしました。なぜなら、ＥＣはサイトの料金だけで決まるような単純なビジネスでないからです。

## 売り方は価格より重要

という商売としては当たり前のことを伝えようとしていたと感じました。その上で楽天市場を選んでくれている、ということも。

それまで楽天のＩＲからは、課金手数料などを考慮すると料金の差よりアクティブユーザー数の差の方が大きいとか、店舗のクオリティの差だとか、ごちゃごちゃと頭で考えた説明を投資家やアナリストにしていました。そんな説明を一〇〇回行うより、このミーティングは絶大な効果がありました。

ミーティングが終わり、心からのお礼を出店者の皆さんにお伝えしました。

「いえいえ。あんな感じで良かったのかな？　で、飲みに行きますよね」

午後一一時を過ぎていますが、楽天市場のイベントの後はいつも朝まで飲みに行くそうです。確か先程、いつもは五次会、と言っていたのを思い出しました。楽天市場の役員も、

「市川さんはもちろん行くよね？」

「ご、五次会は無理ですが、お付き合いします！」

このエネルギーが楽天市場のコミュニティの力で、エンパワーメントの効果なんですね
……とつぶやきつつ、居酒屋へ向かいました。

# ステークホルダー・エンゲージメント

このミーティングの内容が広まったのか、楽天市場VS.ヤフー・ショッピングという局地的な議論が減り、株式市場は視野の広さと冷静さを取り戻しました。数日後、株価はほぼ元の水準に戻りました。

楽天市場の出店者という、重要なステークホルダーと投資家との直接の対話はとても効果的でした。投資家は、日本企業はステークホルダーとの関係を重視し過ぎており、株主を軽視しているとしばしば苦言を呈します。しかし、このミーティングは、ステークホルダーに提供している価値が株主価値に直結していることを、投資家が実感できたのではないでしょうか。言い換えれば、ESGのSの強さが、事業環境変化へのリスク耐性として顕在化された事例だと思います。

常々言っているエンパワーメントが何なのかも感じられ、私にとっても貴重な機会となりました。

## 誰と誰を会わせるのか

多様な事業を保有する楽天では、一時間ほどの通常のＩＲミーティングでは伝えられることに限りがあります。そのため、特定の事業にフォーカスした投資家向け説明会を不定期に行っています。事業を深く知ってもらい、その事業固有の価値を認めてもらうためにはこのような個別事業のスモールミーティングが有用です。ほとんどのケースでは事業責任者が事業戦略を語ることが説得力につながるのですが、この時はステークホルダーがメインスピーカーとなる珍しいケースでした。

スモールミーティングは自社発案のこともあれば、証券会社からの提案のこともあります。このときは、主催した証券会社から幅広い投資家層に声がけし、ロングオンリーだけでなくヘッジファンドも参加されました。平時であれば、ステークホルダーとの関係は、ＥＳＧを重視する長期投資家のみが関心を持つテーマだったかもしれません。しかし、取引が短期でも、評価視点が長期の投資家は数多くあります。短期投資家にとっても偏った議論で下落していた株価と本源的な価値との差異を感じさせ、投資機会を見出すきっかけとなったでしょう。その結果、早期に株式市場に冷静さを取り戻させることができたので、様々なタイプの投資家を巻き込んだことは正解でした。

ＩＲ活動では、

## いつ、どの投資家に、誰と会わせるか

ということが戦略上非常に大事です。通常は行わないステークホルダーと投資家との対話の機会を、臨機応変に提供できたことが成功につながりました。提案してくれたアナリストと協力してくれた店長の皆さんに感謝しています。

# 第10章

# IR活動の仕組み化

## 株主構成の変化とターゲティング

二〇一四年一月、東証一部に上場した約一カ月半後、楽天はTOPIXの構成銘柄となりました。TOPIXに連動して投資するインデックスファンドは、組み入れの当日あるいは前日に買いを集中させます。さらに、組み入れによる値上がりを期待した短期投資家の買いも入ります。組み入れ日である一月三一日にかけて、売買高は大きくふくらみ、株価も高い水準となりました。その後、期待していた通り、インデックスファンドによる継続的な売買が増えたことから、二〇一四年の平均売買高は前年比で三割程度増加しました。流動性を高めるというひとつの目標を達成しました。

これにより、インデックスファンドの割合の多い国内機関投資家の所有比率は、二〇一三年末の四・四%から二〇一四年末に一一・九%に上昇しました。創業者である三木谷さん関係者の保有分を補正すると、同業他社に近い水準となりました。インデックスファンドの保有比率が増えることは必ずしもメリットだけではありませんが、当時の楽天にとっては、海外機関投資家にやや偏っていた株主構成を補正する効果が見られました。

株主構成の変化はIR活動にも変化をもたらしました。それまでの楽天のIR活動は、AUM（運用資産額）が大きく、グローバルインターネット市場を理解し、中長期視点で評価する投資家に重点的に会うという方針で、結果、IR活動が海外機関投資家向けに偏りがちになっていました。しかしながら、株式市場の企業に対するコンセンサスや、評価のセンチメント（雰囲気）というものは、母国市場で形成される部分が少なくありません。インデックスファンドだけではそのような効果が得られないため、国内機関投資家や、日本のセルサイドアナリストとも、今まで以上に会う頻度を意識的に増やそう、ということになりました。海外向けはこれまでと同様です。

地域別のほか、個別の投資家に関し、株を保有し続けてもらいたい投資家、新たに株主になってもらいたい投資家など、「会うべき人にきちんと会えているのか」という山田さんからの問いかけがありました。当時楽天では、投資家やアナリストから、毎四半期一五〇件から二〇〇件の面談依頼がありました。この件数は日本の上場企業では多い方ですが、スケジュールの問題などを除き、基本的にはお断りしません。多数の依頼があることに甘んじるのではなく、私たち楽天が会いたい投資家との面談の機会を積極的に作るよう努めました。具体的には、実質株主調査の結果の株主上位のほか、同業他社の大株主で楽天株の保有が少ない国内外の機関投資家をピックアップしました。これらの投資家に対して、役員が四半期あるいは半期ごとに面談を行えるよう、自発的にアプローチするようになりました。この「会うべき投資家」は定期的に見直しました。

国内投資家は海外投資家に比べ、役員との面談を積極的には希望しない傾向がありました。国内投資家向けにも少人数で社長やＣＦＯと中長期のディスカッションを目的とするミーティングを定期的に開催するようにしました。

海外向けは、北米・欧州・アジアそれぞれの地域を定期的に訪問できるよう、年間スケジュールを予算策定時に決めました。アプローチの優先順位や年間の行動計画を予算とともに策定することは営業活動であれば当たり前のことですが、それまでは決して充分とはいえませんでした。ＩＲ活動が資本市場を相手にした「会社の営業活動」へと本格的に変わってきました。

個人株主については、株主名簿から、過去数年間の傾向を分析してみました。すると、楽天の個人株主の約三分の一は一年以内保有の短期投資家、約三分の一は長期保有株主、残りは株価が上がれば売り株価が下がれば買う人たち、という仮説が立ちました。

個人株主はユーザーでもありますから、単に長期で保有するだけでなく、会社のことをよく知り、サービスを使っていただき、できればファンになっていただきたいものです。そこで、株主優待のＩＤと楽天ＩＤを連携するシステムを開発してもらい、株主に楽天のサービスを幅広く利用していただき、利用率をトラッキングできるようにしました。このように、ＩＲ活動の「仕組み化」を行うようになりました。ひとりでやみくもに行っていたころとは大きな変化がありました。

## ＩＲチームの育成

投資家とのＩＲミーティングは年間を通してずっと行うものではありません。決算発表前の約一カ月はクワイエットピリオドという投資家との接触を制限する期間のため実施せず、四半期に二〇〇件ミーティングの依頼があるとすると、これを実質的には二カ月、時には一カ月半で対応します。営業日に換算すると一日五〜七件もの面談数となります。一部はグループミーティングで対応するとしても、会社の顔としてスピーカーになる複数のＩＲ担当者が必要です。財務企画課のスタッフは七、八名に増えてきました。アナリスト経験者など、一部のスタッフはすでに投資家対応をメインスピーカーとして務めていました。一方で、社内からの異動者や新卒採用なども増えました。

ＩＲに必要なスキルの習得を促進し、多様な事業の知識を身に付けた一人前のスピーカーを早急に育成することが課題となっていました。はじめのころは、想定質疑問答を渡し、数多くのＩＲミーティングに同席させて「背中を見て覚えさせる」やり方でしたが、これでは時間がかかりすぎました。すでに中堅となった人に、新しく加わった人への指導をお願いすると、「教わったことがないのに教え方なんかわからない」と反発されてしまいました。私は、よくないプレイングマネージャーの典型例でした。このままではいけないという危機感のもと、チームで相談する機会を持ちました。

「まず、ＩＲ担当になったらこれだけは身に付けてほしいことを決めない？」

そう私が切り出すと、中途採用のベテラン組がまず答えます。

## 「まず数字力だよね」

「会計の基礎は当然として、若手はＥＸＣＥＬをがんがん回すスキルをもっていてほしい」

## 「文章力もいるよ」

「決算短信の文章がちゃんと書けないと。あとインサイダー取引についての知識は必須」

社内異動の人が続きます。

「それより、他の部から異動で来たら、ＩＲの基本的な知識が全然わからなかった」

「そうだよね。基本的な知識やスキルが網羅されている課題図書を決めて、読んでもらうようにしたらどうかな」

「日本ＩＲ協議会の基礎講座も良かったです」

「そう、それでは年に二回は開催しているから新任者は必ず受けてもらおう。逆に、中途で入ってきた人には楽天の事業内容をあらためて教える必要はある？」

「それは毎週の全社員向けの朝会で情報がたくさんあるし、ＩＲ資料を作成する過程で各事業の人と話をしていれば、自然と身に付くのではないですかね」

これにはうなづく人も多くいました。朝会では三木谷さんが自らの経営の考えや世の中の動向について話すほか、各事業から業績進捗状況、新サービス、テクノロジーなどの情報が共有されます。

「とはいっても、金融事業やコンテンツ事業の複雑な収益構造はちゃんと理解した方がいいよね」

「確かに」

このとき、私は、自分自身で教えなければいけないような気がして、こう切り出しました。

「それなら、私が時間をとって教えた方がいいかな」

ところが、即、否定されました。

「いや、経験からいうと、教えてもらうより、教える側になることが一番自分の勉強になるので、市川さん以外の人が教える役になった方がいいです」

「なるほど」

「市川さんはもっと他のことに時間を使ってください」

「そうか……。ありがとう。そうだね、全部自分でやってちゃ駄目だよね。あとは？　金融市場の動向とかは？　山田さんは

## 「事業会社のＩＲも資本市場の一員という意識でいてね」

っていつも言ってるよね」

「隣の財務課で毎週月曜の朝に開催している『マーケット勉強会』に参加させてもらうのがいいと思います。日米株式市場だけでなく、為替、金利、商品市場も若手の当番制で報告する形式です」

「了解、財務課長にお願いしておくね」

だいたい出尽くしたところで、こんな意見がありました。

「でもやっぱり、場数を踏まないときちんと説明できませんよね。ロールプレイングはどうですか？」

「いいね。ロールプレイングでちゃんと答えられるまで投資家デビューができないようにしよう」

各自が今まで読んで良かった書籍を挙げ、複数の人が選んだ佐藤淑子さんの『ＩＲ戦略

の実際』に加え、外資系金融業界で使われているＥｘｃｅｌ本、文章力本の三冊を新任者必読の図書としました。経理知識については、当時楽天の財務経理に関わる社員全員が経済産業省の経理・財務スキル認定「ＦＡＳＳ」を受験することになっていました。日商簿記検定二級や、日本証券アナリスト協会検定試験も候補に挙がりましたが、まずはＦＡＳＳを受験し一定以上の成績を収めることが目標となりました。

いろいろな形で実施してみると、

「教える側に立つ」ことが、もっとも効果があったようです。

これらのスキルアップ施策によって、早期に一人前にさせることができるようになりました。

## ＩＲ活動の評価軸

あるとき、全社で、各部門のKGI（Key Goal Indicator）とKPI（Key Performance Indicator）を決めようという動きがありました。管理部門も含めてすべての部門が対象です。楽天グループ全体のKGIは会員の生涯価値であるLTV（Life Time Value）の向上と顧客満足度の向上と定義され、それを各部門に落としていく取組みです。各部門でもそれらを考慮したKGIを設定し、KGIを達成するために自部門で管理可能な指標をKPIにします。

IRチームで集まって議論することになりました。まずはゴールの設定です。議論のスタートのためにまずボールを投げてみます。

「IRのゴールって時価総額の最大化？」

ボールがいろいろな角度で返ってきます（実際は日本語と英語が混ざった会話です）。

「高けりゃいいってもんじゃないよね。株価が適正な評価じゃなければ意味ないし」

「株価は市場のいろいろな要因で決まるものだから、それをIRのゴールにするのはどうなんでしょうかね」

「IRでコントロールできるのは流動性、つまり売買高くらいでは？」

「でも売買高をともなって株価が下落したときに、それを『ゴールの達成』としていいのかな」

これは私自身の苦い経験を踏まえた発言でしたが、こう返ってきました。

「流動性があれば、下落の幅を小さくすることができますよね」

「なるほど」

流動性が低いとは、その株の取引に普段から参加する人が少ないということです。「株価」とは、買われる株数と売られる株数が一致する価格です。大きな株数の売りが出る際、参加者が少ないと、買われる株数が足りず株価の下落が加速されることがあります。それを防ごうという意味です。

「結局のところ、適正な評価をされつつ株価が上がっていけば理想ですよね」

「理論株価との乖離が少ないっていうのはどうかな？」

「コンセプトはいいと思いますけど、その理論株価が正しいかどうか検証が難しいですね」

「TOPIXとの相対評価はどうかな？」

「市況の影響は排除できますが、IRではコントロールできない業績の変化による影響が排除できません。それにインターネット企業の中でも個性的な楽天とTOPIXを比べるってどうなんですかね」

「長期保有株主が増えるというのはどうですか？」

「定義と測定が難しいね。長期だらけになって流動性がなくなるのは困るし」

いろいろな意見が出ましたが、

## ＩＲはファイナンス機能の一部である

と考えている私は、なんらかの株価に関する指標をＫＧＩとすることは譲れませんでした。最終的に、測定が難しいと知りつつも「適正な評価に基づいた株価の持続的な向上」をＫＧＩとしました。理論株価を定期的に算出することが条件です。

いつかビッグチャレンジがある時の資金調達が、株式を用いた手法の場合には、よい条件、つまり適正な株価に基づいて行えるよう準備しておくことがＩＲの目的だと考えていたからです。

ＩＲチームのＫＧＩに売買高を加えることには悩みましたが、すでに一定の売買高の水準に達していることもあり、このときは採用を見送りました。ＫＰＩについては、ＩＲミーティング件数、株主数、投資家からの評価の三点としました。ミーティング件数は単なる件数ではなく、〝会うべき投資家〟と会った場合などには高めの係数を掛けたものをKPIとしました。投資家からの評価は、機関投資家が事業会社の経営者やIRチームに投票する『Institutional Investor』のスコアとすることにしました。

IRに限らず、管理部門の定量的な評価は難しいものです。現在の楽天でも、またどの企業や組織でも、試行錯誤をしているものと思います。

ひとついえるのは、チームの目的や目標について率直に言い合うことで、より大きな会社の目標についてのメンバーの理解が深まりました。楽天の次のチャレンジに備えることが私たちのミッションです。

# 第11章

# グローバル・オファリング

## 角を曲がれば「See around the corner」

二〇一四年から二〇一五年にかけて、楽天とそれを取り巻く業界は新たなステージに入りました。この頃、三木谷さんが好んで使っていた言葉に、「See around the corner」というものがありました。めまぐるしく変化するＩＴの世界を、細く曲がりくねった路地に例え、「その角を曲がった先を見てみると」また違う未来が現れることを示唆したものです。見えない未来を信じる妄想力のことでもあります。

海外では、ライドシェアや民泊などのシェアリングビジネスや、ブロックチェーンなどのＦｉｎＴｅｃｈ、ＡＩを活用したサービスなど、新しいビジネスが次々と咲き乱れるように生まれてきていました。一瞬でも出遅れたら、チャンスはありません。

### 今まで以上に常識を破るチャレンジをし続けること

が、テクノロジー業界で生き残る唯一の方策なのです。

楽天は、新しい技術やアイディアだけでなく時間を買うために、上場来、国内外でM＆Aを戦略的に活用してきました。成果を上げているものもあれば、当初の期待どおりにはいかなかったものもあります。いくつかの失敗例を経て、「中途半端なM＆Aは中途半端な成果しか得られない」というひとつの仮説に至り、特定の市場で高いシェアを持つ企業を買収対象とする方向性に変わりました。

そのような方針のもと、二〇一四年にメッセージング・通話アプリで世界では高シェアを持つＶｉｂｅｒや、米国の大手ＥＣ・キャッシュバックサイトのＥｂａｔｅｓを買収しました。海外での楽天経済圏を強化するこれらの買収に必要な資金はそれぞれ一〇〇〇億円前後で、銀行借入で賄いました。

そして、二〇一五年三月に発表した電子書籍配信企業の買収案件あたりから、M＆Aの増加を受け、財務上の負債と資本のバランスに関する議論が社内でなされるようになりました。加えて、世の中のテクノロジーの変化に対応し、イノベーションを生むためには、まだまだM＆Aや有望企業への投資が続く予感がしました。妄想を現実のものにするには、実行力と資金力が必要です。一〇〇〇億円級ではありませんが中小規模の案件も水面下にいくつかありました。これらが短期間に集中すると、仮に借入や社債発行が可能でも格付けに対し悪影響を及ぼす可能性があります。金融事業を抱える楽天としては格付けは非常に重要です。

「エクイティ・ファイナンスの準備をしておこう」

山田さんの指示で、CFOチームでは、次のチャレンジに備えてエクイティ・ファイナンス（株式の公募増資）の検討を開始しました。直前の二〇一四年の実績は売上・利益とも過去最高を更新していました。株式市場は、M&A方針の転換や既存事業の利益成長を好感しており、株価は上昇基調で、二〇〇〇円が目前でした。社内で試算する理論株価と実際の株価との乖離は今まででもっとも小さくなっていました。

投資家とのIRミーティングでも、現在の経営方針に賛同する意見が多く、経営への信頼度が高まっている状況でした。変化の激しい楽天のIRではこのようなことはめったにありません。IRスタッフからも、今なら株主の反対も比較的少ないので、

## 「いいエクイティ・ストーリーが作れそう」

と、公募増資には前向きな意見が聞かれました。ウィンドウの時期など、具体的な協議を財務とともに進めました。

## キックオフ

二〇一五年春、公募増資プロジェクトの開始を決め、プロジェクトのキックオフミーティングを行いました。主幹事候補となる証券会社と社内の関係者を集めます。プロジェクトチームの責任者はＣＦＯの山田さんで、プロジェクト事務局は財務企画課から二名出しました。金融機関出身のベテランと米国公認会計士の若手の組合せです。ふたりともエクイティ・ファイナンスの経験はありませんが、私がかつてそうであったように、未経験の人にチャンスを与えたいと思ってのことです。

キックオフミーティングの日、私自身は軽い高揚感を感じていました。前回の公募増資から九年が経過し、株価は約二倍になっていました。この九年間のＩＲは、この公募のための準備であり、ＩＲ活動の総仕上げと思われたからです。証券会社の方々はさらにはっきりとした高揚感を抱いていました。長年楽天と関係を築き、様々な提案を行っていましたが、大きな取引にはつながることはまれなのです。

この公募増資で、ついに日頃の努力を成果として手に入れることができると、期待感を持ってキックオフミーティングに参加していました。加えて、会社側の日本法弁護士および米国法弁護士、引受証券会社側の日本法弁護士および米国法弁護士も参加します。監査法人も必須です。役者が揃いました。山田さんが口火を切ります。

「皆さん、今年六月のローンチを目指した楽天株式会社の公募増資プロジェクトのキックオフミーティングにご参加いただきありがとうございます。今回、ルール一四四Aでのグローバル・オファリングを計画しています」

九年前に諸事情にて断念した、海外での公募を行おうというものです。ルール一四四Aというこの方式では、米国内では適格機関投資家と呼ばれる一定の要件を満たした機関投資家に対してのみ販売が可能です。米国以外の地域の機関投資家は、ほぼすべてが対象になります。国内の個人投資家ももちろん含みます。前回の形式である国内公募に比べ、より多くの投資家にアプローチが可能で、調達できる金額も大きくなるため、皆、気を引き締めています。

## 「情報管理の徹底は怠らないようにしましょう」

公募増資は、特に留意すべきインサイダー情報です。このキックオフミーティングも、人目につかないよう、わざわざ楽天のオフィスから少し離れた貸会議室で開催しました。情報漏洩を防ぐため、この計画を知った社内外のすべての人物に誓約書を書かせ、氏名、所属、伝達元、伝達手段および時刻を記録し、発表までの約三カ月間、徹底的に管理をしました。

## 資金の使途とオファリングサイズ

公募増資にあたり、決めるべき重要事項のひとつが公募の金額（オファリングサイズ）です。少なすぎれば、チャレンジに必要な金額が集められず、多すぎれば希薄化が過度となり既存株主の利益を損ないます。チャレンジ＝資金の使途ですから、まず資金の使途を見積ります。近い将来行われる投資案件、過去のＭ＆Ａのために借り入れた負債の返済、設備投資予定額を集計します。日本では、引受証券会社が所属する日本証券業協会が、株主の保護のため、具体的な資金の使途およびその効果の審査を行うことを定め、その背景より二期分の利益計画の範囲内での資金使途を求めています。当初、証券会社側は協会に従い、「二事業年度以内の確定している資金使途」を要求してきました。

「二事業年度って、もう二〇一五年一二月期の半分近くが過ぎているから、実質的にはこの先一年半の使途のみってことですか？　めちゃくちゃ短期じゃないですか？」

財務のメンバーが驚いて証券会社の人に聞き直しました。中長期の投資案件や、ましてや「See around the corner」のようなまだ見えていない将来の挑戦には使えないということです。

「どうしてですか？　米国企業は使途を細かく限定しない一般事業目的というものを使っていますよね？」

プロジェクト事務局のひとりは、日本企業だけでなく米国企業の開示書類も数多く見ていました。しかし、証券会社の担当者は残念そうに答えました。

「日本は違うんですよ。協会の規則では、一般事業目的は非常に困難です」

楽天側で、公募がはじめてのメンバーのほとんどが、信じられなさそうな顔をしていました。

米国企業の公募増資の目論見書を見ると、彼らの増資資金の使途のうち多くが、将来のM&Aや一般事業目的（general corporate purpose）として特定されていません。たとえば近年IPOを行った米ソーシャルメディア企業の資金使途は、全額が運転資金と一般事業目的でした。その企業は、IPOの二年後に、IPOによって得た資金と株式交換で大型M&Aを実行していますが、目論見書の資金使途にM&Aに関する具体的な計画は一切ありません。しかも、被買収会社は、楽天が同時期に買収したViberと同業で、買収金額はViberの約一九倍と超大型でした。

次々とイノベーションが起こる業界で、近い将来であっても魅力的な案件を予想するのは不可能です。米国型の資金使途が許されれば、米ソーシャルメディア企業のように将来の一手に備えられますが、日本の規制に従えば、確定した設備投資計画と負債の返済計画程度しか資金の使途に認められません。交渉中のM&Aが一件ありましたが、公募発表前までに合意に至らなければ使途に含められません。

私自身は、二〇〇三年の前職でのグローバル・オファリング時には記載が可能だった一般事業目的が、その後乱用した企業があったようで規制が厳しくなり、使えなくなったことを知っていました。しかし、納得がいかない様子の同僚たちを見て、彼我の差をあらためて感じました。私は思ったことを率直にぶつけてみました。

「リスクマネーを供給するはずの株式市場から資金調達するのに、一年半は短すぎないですか？　銀行だってもっと長期で見てくれますよ？」

銀行と比べられたのが不本意なのか、証券会社の方たちは苦虫を噛みつぶしたような顔になりました。

「僕たちだって、リスクを取って挑戦する企業のために株式市場があると思っていますし、そういう御社をサポートしたいと思っています！」

証券会社側が持ち帰り、数日後、「約二年分、取締役会で決議された三カ年の経営計画の範囲内での資金使途でお願いします」と連絡が来ました。許容範囲が少しだけ広げられました。

公募による調達額決定のもうひとつの要件、希薄化率は、近年の公募増資の事例を見ると、最大二〇％まで市場に受け入れられているようです。当時の楽天の株価を考慮すると、最大四〇〇〇億円ということになりました。この場合でも、三木谷さん関係者の持ち分も三分の一以上が確保できます。調達額は資金の使途の積上げの程度に応じて、いくつかのケースを想定しつつ準備を進めることになりました。

そのような折、進行中だったM&A案件が交渉決裂してしまいました。金額的に大きい案件ではなかったものの、財務状況にはわずかに一服感が出ることになりました。他の投資・買収案件は、公募増資が終わるまで凍結することになっていました。

「エクイティ・ファイナンスを中止することも一案と考えられるけど、どうしようか」

山田さんがまた主要メンバーに声を掛け、議論しました。まず財務状況の再確認です。

「資金繰りは微妙なかじ取りでコントロールできなくはないですが、凍結している複数の案件がもし一斉に動き出せば、また財務バランスは悪化します。財務としては株で資金調達を行っておきたいですね」

財務担当の執行役員のこの意見は、このIT業界の激しい動きの中では、資金需要の予想が難しいことを反映していました。私は、市場環境を考え、今ファイナンスすべきと思っていました。

「株式市況が良好で、楽天にも追い風の今こそ、エクイティ・ファイナンスを行った方がいいと思います。絶対やった方がいいと思います」

「そうだよね」

だいたい皆自分と同じ意見と確認した山田さんは、すぐに三木谷さんに相談しました。三木谷さんも市況を考えると実行した方がよいのでは、との意見でした。ファイナンスは続行です。

調達額については、事務方で意見が分かれていました。リーマンショックや震災の時のように、株式市場からのマネー供給が一気にしぼむ状況がいつ来るかもわからないのだから、「キャッシュと資本は取れるときに取っておくべし」と最大の四〇〇〇億円を主張する人もいれば、「そこまでなくてもいい」という人もいました。私は希薄化率が一〇％強の二五〇〇億円程度がしっくりくると言いました。

最終的には三木谷さんの判断にゆだねることになり、お伺いを立てました。私たちは、三木谷さんは将来の一手に備えるために、大きめの金額を希望するのではないかと予想していました。山田さんが三木谷さんに一五〇〇億円から四〇〇〇億円までの数パターンをまとめた一枚の資料をお見せすると、三木谷さんはこう答えました。

「あんまりグリーディー（欲張り）にならない方がいい。自分の持ち分のことを気にしているのではなくて、ほかの株主のことを考えると、一五〇〇億か二〇〇〇億円くらいでいいよ」

「そうですか。了解しました」

事務方の誰よりも小さい金額を言うとは思っていなかったため、山田さんも少し驚いたものの、まずは重要事項がひとつ決まりました。

## ロードショー資料

公募増資における事務方の準備には、経営状況をチェックするデュー・ディリジェンスや、会社のリスク、経営戦略、財務状況をくまなく目論見書に記載するためのドラフティング・セッションなどがあります。国内公募に比べると、グローバル・オファリングで記載するリスクや財務情報などの開示量は二倍、三倍以上になります。作業は膨大ですが、既に英文のＩＲ資料や会社の情報が多くあったため、スケジュール上の大幅な遅れもなく準備が進みました。

一点、なかなか記述内容が固まらないところがありました。戦略などを記載する部分です。ロードショー時に投資家に説明するエクイティ・ストーリーを描いたロードショー資料と一致しなければなりません。九年前、ローンチの直前まで決まらなかったロードショー資料は、今回もなかなか進みません。進まないのは、相変わらず、三木谷さんのOKが出ないからでした。ダメ出しをくらうのではなく、なかなかその気にならないようです。

基本的には楽天経済圏が価値創造のモデルで、会員のLTV（Life Time Value：顧客生涯価値）の総和を伸ばす戦略には変更ありません。九年前に比べ、金融の経済圏や海外の経済圏が加わり、価値に厚みが増しています。唱え続けてきた経営戦略で利益を上げている実績を示し、さらなる飛躍のために投資してもらうのです。直接の主な資金使途は有利子負債の返済ですが、それらの負債調達の目的である海外M&Aの状況を説明することも忘れません。海外での経済圏の考え方や、M&A後の統合（ポスト・マージャー・インテグレーション（PMI））の実績なども充実させました。

何度か案を三木谷さんに持っていきましたが、ちょっとしたヒントはもらえるものの、もっといいアイディアを探したいようで、「うーん、もう少し待って」と言われてしまいます。本来なら、三木谷さんの想像を上回る素晴らしいストーリーで私たちが資料を作るべきなのですが、力及びません。残念ながら普通のサラリーマンには、アントレプレナーの発想力を超えるのはなかなか難しいことです。

証券会社からも弁護士からも急かされます。

「まだですか」

「なんとかしてくれませんか」

ロードショー資料のデッドラインをローンチの三、四日ほど前に設定しました。パワーポイントで資料を作ることだけを考えるのならもう少し伸ばせるのですが、ロードショー資料に盛り込む内容を目論見書に記載し、数千部印刷して世界中で配布するためです。機関投資家向けにはインターネットで視聴可能な動画も作成します。準備時間を考慮するとこれがギリギリです。いつもの決算発表の時のように三〇分前とか一〇分前に何か言われても無理なことを三木谷さんにお伝えし、早くコメントを出すようお願いしていました。

そのデッドラインの一日前に、ようやく、三木谷さんから手書きのメモを渡されました。箇条書きで十数行でした。

「はい、よろしく。明日の証券会社との打合せの時に、資料できるよね」

こういう時の三木谷さんは、こちらの焦りとは対照的に、いつも落ち着いていて、むしろうっすらと笑みを浮かべているようにさえ見えます。過去何十回と経験したこのやりとり、言われた方は、これで資料が進むという安堵感より、いくつかのキーワードから短時間で投資家に伝わる資料を作るプレッシャーがはるかに上回ります。幸い決算発表の時と異なり、翌日まで時間がある上に社内だけでなく証券会社の頭脳も借りることができるのですが、条件反射で心臓がきゅっと縮み上がります。すぐに関係者にメモの内容を共有し、知恵を借り、ロードショー資料の修正をお願いしました。

翌日、三つの証券会社、三木谷さんと社内の主要メンバーが集まりました。ロードショー資料打合せの最終段階です。ディスプレイに映しながら、一枚一枚確認していきます。二、三点の修正の依頼が入りました。特に三木谷さんがこだわったのが、国内について、いち企業としての話ではなく日本経済全体が良い方向に行っていること、楽天はその中でライフスタイルや経済全体に関与し、成長をリードしていることを強調してほしい、ということでした。「日本の消費全体におけるポジションでどうですか?」と尋ねたところ、

## 「消費だけじゃなくて、もっと幅広く、人々の行動の全体」

とのことでした。正直、私の能力の限界でした。外資系証券会社の投資銀行部隊に任せると、翌朝、GDPや世界における日本に言及した、クオリティの高い資料ができていました。「Japan New Leader」というスライドに始まり、次の三つの構成です。

- 日本市場におけるリーダーシップ
- 差別化された独自の海外戦略
- 優れたガバナンス戦略

ようやく三木谷さんのOKが出ました。早速これに合わせて弁護士が目論見書を何ページも修正し、校了しました。英文目論見書は、最終的に五七三ページ、厚さ三センチ弱の、近年稀にみる分量となりました。

## 記者との攻防

ローンチの直前、もうひとつ、大きな問題が勃発しました。六月最初の週明け、ローンチまであと三日、という時でした。いつもニコニコしてダジャレを飛ばしている広報のヘッドが、珍しくうつむき気味で小さな声で話しかけてきました。

「市川さん、ちょっといいですか」

小さな会議室に呼ばれました。

こういう時はだいたい良くないニュースです。

「実は、昨日、ある新聞記者から、楽天が公募増資を計画していることを知っていると電話がありました。山田さんにもお伝えしたところです」

「ええっ! なぜ?」

情報管理には細心の注意を払っていました。もし正式発表前に記事にでもされたら、株価は大荒れとなるのは間違いなく、東京証券取引所から売買を停止される可能性があります。

**最悪の場合、米国当局の指導などによって公募増資が中止になりかねません。**

私は驚きを隠せません。

「えぇー！　誰から？　いつ？　あんなにガッチガチに管理してたのに！」

「誰から聞いたのかは当然教えてくれませんが、その記者が情報を入手したのは先週末のようです」

「先週末って……。ちょうど関係省庁やシ団も含め、関係者が少しだけ広がった時ですよ。誰だろう。シ団に入った証券会社は、リークしたら自分の仕事がなくなるからそんなことはしないはずだけど……」

「誰なのかを追及しても仕方ないので、とにかく発表まで記事にしてもらわないようお願いしています」

「そうですね。犯人捜しをしてもしょうがないですね」

先週末よりずっと前に知っていた人が記者に伝えたかもしれず、誰なのかはわかりません。

「記者はどうやら正確な日程や金額までは把握していないようです。あれではまだ記事にならないでしょう。なんとか質問をかわしています」

「さすが！　発表まで、引き延ばしてください！」

発表は、六月四日、午後三時以降を予定していました。

「でも記者があと四日間も待っていてくれるのか、ちょっと、自信がありません」

「ええ、なんとかお願いします」

かなりの大問題です。もし増資が中止にでもなってしまったら資金計画はどう立て直したらよいのか。中止にはならなくとも、発表前に株価が大きく下がってしまい、その低い価格がベースとなって公募価格が決定してしまうと、予定していた額の調達を下回ってしまう可能性は充分あります。

広報に記者の制御を任せつつ、プロジェクトチーム内で対策を考えることにしました。予定していた当日のオペレーションは、①六月四日の日中に取締役会を開催し、決議後、②午後三時以降に金融庁のシステムであるＥＤＩＮＥＴに有価証券届出書を登録することで「公表」とし、③その直後、東証のシステムであるＴｄＮＥＴで適時開示を行う手順となっていました。

①②③の順番は変えられません。この一連の流れを記事が出る前に行えればよいのですが、目論見書の印刷にかかる時間や証券会社での投資家向け販売のオペレーションを考えると、一日二日早めることは不可能です。せいぜい可能なのは数時間の前倒しで、広報の引き延ばし作戦に賭けるしかない状況でした。

翌日か翌々日と記憶しています。山田さんと広報のヘッドが会議室に入っていきました。しばらくして私も呼ばれました。

まず、広報から状況説明です。

「もうこれ以上記者を抑えられません」

息を飲む私に、山田さんが説明を続けます。

「取締役会の開始時刻を早め、四日の早朝に行うことにした。四日の朝刊の記事になる可能性が高いらしいんだ。場が開く前に発表の手続きができるかな？」

ほっとしました。それならなんとかなりそうです。

「わかりました。検討します」

手続き①の取締役会が早められても、②の金融庁のシステムは午前九時からしか受付けておらず、そこから③の適時開示が完了するまで約一〇分かかります。午前九時の東証の売買開始から一〇分間ほど、空白ができてしまいますが、許容範囲であると判断しました。山田さんの指示で五名の社外取締役にもすでに取締役会の時間変更の連絡がいっていました。急な日程調整を受け入れてくれたことに感謝しました。

二〇一五年六月四日、ローンチ当日午前八時。臨時取締役会の議題は、公募増資の決議一件のみで、速やかに終了しました。想定通り、当日の新聞の朝刊のスクープになっていたので、朝から投資家・アナリストの問い合わせが多数あります。このようなスクープ記事が書かれた場合、通常「記事の内容は当社が発表したものではありません」という否定文面の適時開示を午前八時台に行いますが、この日は行いません。ただただ「コメントは控えます」として、そしてできるだけ電話につかまらないようにして、午前九時の金融庁届出の完了報告を待ちました。

## ローンチ

午前九時をほんの少し回ったところ、届出完了の連絡がきました。これにてローンチとなり、アナリストや投資家からいただいていた多数の問い合わせに折り返し答え始めました。このタイミングで実施したことへの驚きが多く、エクイティ・ファイナンスの実施そのものについてのお叱りや戸惑いのような意見は思いのほか多くありませんでした。始値は一九七六・五円と、朝刊の記事を踏まえて前日の終値と比較し五％低下しましたが、想定の範囲です。ある証券会社のアナリストとはこんな会話がありました。

「ついに来ましたね。弊社内では、きれいな形のファイナンスだという意見がありました」

### 「〝きれい〟とはどういう意味ですか？」

「前回の公募の発行価格の九六一円（分割調整後）から九年経ちましたよね。投資家の期待収益率を八％とすると、九年後は一九二二円なんですよ。その市場の期待を上回って成長し、次の公募を実行する、という点です」

「なるほど。そういうことですね。いえ、前回の公募価格から充分に高い株価で次の公募を行おう、という意識は経営陣にも常にありましたが、そこまで計算はしていませんでした」

「実際には株価だけでなく、配当も含んだトータルの投資利回り（TSR：Total Shareholders Return）で考えるべきなんですけどね」

「配当は実施していますが、まだまだ成長期で内部留保重視のため配当金額も小さいですから、株価上昇のみの計算でもおかしくないですね。そのような意見、参考になります。ありがとうございます」

しっかりと投資家への期待に応えていれば、挑戦する企業を応援する株式市場を心強く思いました。

## ロードショーへの準備

ローンチの日から、投資家回りであるロードショーが始まります。事前の訪問先選定では、証券会社の勧める訪問先候補に加え、長年蓄積していた投資家データベースが役に立ちました。海外投資家対応のかなりの部分を任せているイギリス人のＩＲマネージャーとともに、九年分のデータベースと直近のミーティングの雰囲気などを踏まえ、日、米、欧、アジア、中東への訪問リストを作成しました。

大規模な公募の場合、国内機関投資家よりも資金量の大きい海外機関投資家が頼りです。公募価格は時価から数パーセントのディスカウントが入るため、海外機関投資家は、これを機会に大きな買いを入れることもあります。長期で保有してもらいたいロングオンリーや市場への影響力の高いヘッジファンドなどを中心に、訪問リスト選定を行っていました。

ローンチ後、ジョイントブックランナーを務める三社の証券会社は、そのリストを元に一斉にコンタクトを開始し、訪問のアポイントメントを取り付けます。今回は、社長の三木谷さん、金融担当の副社長、ＣＦＯの山田さんに加えて戦略担当の常務をヘッドにした四チーム体制です。それぞれに二名程度の財務・ＩＲスタッフを同行させることにしました。若い人にも経験を積んでもらうため、これまで海外ＩＲに行ったことのないスタッフにもチームに加わってもらいました。

そんな中、プロジェクトチームの主要メンバーのひとりが、東京に残りたいと言ってきました。彼は主体的に育児を行っていて、子どものためにも出張は控えたいとのことでした。このプロジェクトのハイライトであるロードショーという貴重な機会を体験しなくていいのか、といったんは再考を促しました。が、それよりも、四チームの情報のハブとなる人が必要になるはずだから、そのハブ役をやりたい、とのことでした。確かに前回の公募では、二チームだったにもかかわらず、それぞれのチームで投資家に話す内容に微妙なズレが生じたり、日程変更などの情報がゆきわたらなかったりするという問題がありました。

そのようなハブ役は確かに重要なので、東京オフィス残留をお願いしました。さらにもうひとり、前年に夫の仕事で米西海岸に移住し、業務委託契約でＩＲの仕事を続けていた女性もハブ役になり、二四時間体制で四チームをサポートすることになりました。合わせて、Ｖｉｂｅｒのチャットグループもチームごとに作成し、投資家からの質問などの様々な問題に対応できるようにしました。このような体制を取れるようになったスタッフの成長に心から感謝しました。

## 社長のロードショー・パフォーマンス

三木谷さんは、大手機関投資家が集中する、ニューヨーク、ボストン、ロンドン、エジンバラの四都市を訪問予定で、私はそれに同行することになっていました。

この間に業務執行が止まらないよう、ヨーロッパでＥＣの出店企業を集めたカンファレンスに予定どおり出席したり、毎週の全社員向け朝会もビデオ会議か子会社オフィスで参加できるようスケジュールを組むことも必須条件でした。当然投資家とのミーティングの時間は削られると思い、私が困った顔をしていると、「ランチミーティングやブレックファストミーティングを入れていいから」と言われました。そうなると一日最大七件になり、慣れている人でも疲労感は出るので、それはそれで心配です。「七件ちゃんとやるから大丈夫」との三木谷さんの言葉を受け少しだけ強行日程としました。

まずはボストンに出発です。ロードショー序盤は、株式市場の中でも意見はバラバラです。長年楽天の株を保有していた大手機関投資家では、大御所ファンドマネージャーが硬い表情で現れ、楽天の海外M＆A戦略への懸念と公募増資による希薄化への不満を述べはじめました。その懸念と不満があまりにも強く、私は「説明しても埒が明かないので早めに切り上げてもよい」と思ったのですが、三木谷さんは、過去の海外M＆Aには失敗があったことを認めつつ、買収方針やPMIのやり方が変わったことを辛抱強く、冷静に繰り返し説明しました。

最後まで渋い顔だったファンドマネージャーは、失敗を認めたことを評価したものの、時間切れでミーティングを終えました。別の投資家では、過去のIRでは辛らつと言っていいほど厳しい方が、三木谷さんの説明の後で「Make sense」と納得し、帰りには笑顔で握手されたケースもありました。

次の都市は投資家の集中するニューヨークです。ニューヨークの二日目、ブレックファストミーティングから始まる一日七件の日がはじまりました。三、四名の投資家が朝食を兼ねて集まっていました。このブレックファストミーティングは、私が今まで見た中で過去最高のＩＲミーティングだったと思います。投資家がひとつ質問をすると、三木谷さんは投資家の期待する数倍もの情報量で答えを返します。すでにロードショーも中盤に入り、株式市場が何を懸念し、何に期待しているのかを理解していました。

これまで楽天はどう常識を超え、イノベーションを起こしてきたか。これからどんな革命を起こし、世の中をエンパワーメントしていきたいのか。それを利益成長につなげるストーリーを語ります。

## その場を完全に支配し、聞く人の右脳と左脳に訴えかけます。

投資家のナイフとフォークを動かす手が何度か止まりました。ミーティングを終えると、大手ファンドのトップが「素晴らしいミーティングをアレンジしてくれてありがとう」と言ってきました。好感触でした。

このブレックファストミーティングで三木谷さんはかなりのエネルギーを使ったようでした。相手の反応を見ながら定性的な話も定量的な話も織り交ぜ、英語でテンポよく行うにはすごく頭を使うのです。「疲れた。こんなのあと七回もできない」と思わずこぼしました。すると、証券会社の担当者がすかさず「今のミーティング、最高でした！　投資家の心をつかみましたね。今日はあと六回ありますので、よろしくお願いします！」と返し、三木谷さんは絶句していました。

この日の四件目、ランチミーティングの時間となりました。ここでは二十名以上の投資家がホテルのバンケットルームに集まっていました。いったん始まると私たちには食べる余裕がないため、まず集まった投資家にはロードショー資料を一〇分ほどの動画にまとめたものを見せ、その間に別室で急いで食事を取っておきます。動画が終わってバンケットルームに入り、ひな壇に着席しました。

白いテーブルクロスがかかった丸テーブルが目の前にいくつも並んでいます。投資家たちが丸テーブルに数名ずつ座り、フレンチをゆったりと食べながら、お手並み拝見、といった様子でこちらを見ています。三木谷さんが立上がり、来場のお礼を述べ、ロードショー資料のうち、もう一度自らの言葉で伝えたいポイントを強調したのち、質疑応答に入ります。会場のあちこちから質問が飛びます。「Japan New Leader」としてインターネット上にとどまらず、リアル世界の消費・金融・行動のすべてにおいて日本を変革する展望を語ります。さらに、競争環境、米国やそのほかの国での戦略、それを支える経営体制、等々。ひとつひとつの質問に実績と説得力をもって答え、わくわくするような将来像を付け加えていきます。

ＩＲミーティングというより、ＩＲパフォーマンスといった方がいいでしょう。パフォーマンスが進むにつれ、多くの投資家は前のめりの姿勢になり、興味津々の表情に変わっていきました。質問は途切れませんが、時間となり、ランチミーティングが終了しました。顔見知りの投資家に、感想を訊こうと近寄りましたが、私に気づくと笑顔で手を振り去っていきました。資料の回収のためテーブルを回ると、映画を観終わったあとのような表情の投資家が何人も通り過ぎていき、満足度の高さを確信しました。テーブルの食べ残しの料理が宴の後を感じさせました。

米国でのロードショーは順調に進みました。私が同行しているのは、投資家に会う前に、その投資家の特徴やこれまでの質問傾向などを三木谷さんに伝え、質疑応答では目論見書の範囲から外れずに財務数値などの細かな情報を答えるサポートのためでした。中盤に入ると、三木谷さんも財務数値はほとんど覚えてしまい、サポートの場面は少なくなりました。代わりに、三木谷さんが投資家に説明する内容で、他の三チームには新情報であろうことを、東京のハブ役を通じて、情報共有するという役割が大きくなりました。Ｖｉｂｅｒのチャットを通じて他のチームの情報が入ってきます。どのミーティングの何の情報が効果的な説明だったのかも共有されました。

二週目に入り、社長チームは英国で二〇〇六年頃から楽天株を保有している大株主に会いました。あの、ライブドアショック後の苦しい時期に楽天をひとりで訪問し株主になってくれた、日本株責任者の女性が率いるチームとの面談です。あれから株価は約四倍になっていました。三木谷さんが英国オフィスに訪問するのは久しぶりです。長年の友人を迎え入れるような温かさで、窓の大きな部屋の楕円形のテーブルにつくよう促されました。

この投資家とだけは、ミーティング時間を長めに確保していました。テーブルにはお菓子やオードブルが用意されています。三木谷さんもリラックスし、まずビデオを見せたい、とスマホを取り出しました。新しく東京の二子玉川にできる楽天のオフィスのビデオです。一九九七年に二人ではじめた会社が、成長の過程に合わせオフィスを替えてきた歴史を振り返りつつ、従業員一万二〇〇〇人を超えても創業時と変わらぬエンパワーメントの理念を体現するためのオフィスを作り上げたという内容です。英語化のおかげで多様性のある人材を惹きつけ、朝会はＡｓａｋａｉとなって継続し、未来へと続くコンセプトムービーを見せました。ビデオを観終わったあと、彼女は「このために私は投資してきたのね」と感慨深げに言いました。いつもは厳しいことも三木谷さんにはっきりと物申される方ですが、この日は和やかに議論し、これからの成長への期待を込められ、固い握手をして終了しました。

英国ではもう一件、重要なミーティングがありました。ロングオンリー投資家の中でも、特に長期の七年間の視点でまとまった金額を投資する機関投資家です。六、七年前から根気よく通い続けていましたが、投資委員会の委員全員の賛成がないと投資しない、という基準を持っています。これまで経営戦略や財務状況について歴代ＣＦＯと議論を重ね、詳細なＥＳＧ関連の確認を終えたあと、数カ月前に小さな買いが入りました。今まさに大きな買いにつなげるための判断の最終段階でした。

ここで創業者社長の三木谷さんが投資委員会のメンバーに直接話をすることで意思決定してもらうための、重要なミーティングと位置付けていました。数百年経つ古い石造りの建物の階段を上り、暖炉のある二階の部屋に入りました。重厚な雰囲気の調度品に囲まれ、やや緊張が漂います。三木谷さんが暖炉を見て「この部屋に来たことがある」と言いました。前回の公募の時に訪問したようですから、九年ぶりです。投資委員会の委員のほとんどが集まったようです。以前から焦点となっていた。金融事業におけるリスク管理や、新規事業などが議論に挙がります。

委員にも温度差があるようで、私の向いに座っている委員がもっとも懸念が強いようでした。様々な観点からどのようにリスクに備え、成長を果たすのか、質問を重ねます。予定の終了時刻を過ぎ、予定ではすぐに空港に向かわなければいけませんが、ここは口を挟むべきではありません。委員の方の懸念が消えるまで、三木谷さんは、ひとつひとつ、丁寧に答えていきました。ハラハラしながら予定時間を二〇分オーバーしてようやく終了し、空港に向けてダッシュしました。委員の方たちの表情は中立的に見えて、この時点では投資を決定してくれたのかどうかわかりませんでした。

# ブックビルディング——IRの集大成

投資家からの買い注文を積み上げるブックビルディングの期間に入りました。注文（正式には需要申告）が積み上がっていく過程では、市況の軟化などやきもきする場面もありましたが、最終的には高い需要が集まりました。特に海外のロングオンリーからの注文が多く入り、当初六〇％だった海外向けの配分を六五％に引き上げることにしました。当時の日本企業のグローバル・オファリングの典型的な国内外比率は半々でしたが、それに比べると海外向けを厚くしました。というのは、楽天の当時の株主構成は、三木谷さん関係者の持ち分を除くと約六五％が海外株主であり、それを適切な範囲と考えていたため、大きく変わらない構成にしたかったためです。一般的な事例よりは国内機関投資家の注文が多く入ったとはいえ、国内向けのほとんどが個人です。個人向けの配分を少し減らしても、海外向けは依然高倍率でした。

個々の投資家の注文にどう配分するのかは、証券会社が決めることですが、参考情報としてブックビルディングのリストを見せてもらいました。特に大きな注文を入れた投資家のひとつが、あの英国の暖炉のある会社でした。

## 投資委員会の満場一致が得られたようでした。

注文のあった約二〇〇件の投資家の社名を見ながら、そこに所属するファンドマネージャーやアナリストの顔をひとりひとり思い浮かべました。投資家のリストが期待のメッセージのように見えました。このために、長い間、資本市場と向き合い続けてきたことを実感しました。

二〇一五年六月二三日、公募の発行価格が決定しました。同日の終値から三％ディスカウントし、一九〇五・五円となりました。七月一日に払込が完了し、約一八〇〇億円が資本金および資本準備金として組み入れられることになりました。この一八〇〇億円は、長年のＩＲ活動の、チームとしての集大成だと感じられました。

## 続く市場との対話

これで終わりではありません。次のＩＲは、公募で購入してくれた投資家へのフォローアップでもあります。八月六日に、第2四半期の決算発表がありました。発表した業績は、市場の期待をやや下回り、株価は下落しました。発表翌日の終値は一九五二円でしたが、翌週には一九〇〇円を割りました。ロードショーで嘘をついたつもりは決してありませんが、公募で買った投資家にとって残念な状況です。腹立たしいと言ってもいいかもしれません。そんなとき、あの英国の暖炉のある会社のアナリストから電話がありました。業績の状況を説明しなければ、と私は思いました。国内事業について期待を下回った理由と挽回策を説明しはじめた私に対し、こう言いました。

「短期的な業績で株価は下がったけれども、あの日三木谷さんが言ったとおり、国内の事業の基本的な強さに変わりはなく、海外事業の損益もうまくマネージできている。いい会社に投資させてくれてありがとう」

「Thank you.」と言われて耳を疑いました。投資してもらってお礼を言うのは会社側だけだと思っていたからです。

「こちらこそ、ありがとうございます」

私の方こそ、Thank youを繰り返しました。このやりとりを感慨をもって受け止めましたが、それはすぐに期待に報いるべき責任の重さに変わりました。三木谷さんと山田さんにも伝えました。楽天は、資本市場から調達した資金で持続的な成長を続けてきました。この先、仮に株による資金調達をしなかったとしても、過去に楽天の未来に期待し、資金を拠出した株主の存在を意識し続けなければいけません。たとえ株主が入れ替わっても、その期待は受け継がれていくのですから。

## クリムゾンハウスと別れ

グローバル・オファリングの直後、楽天は二子玉川の新しいオフィス・楽天クリムゾンハウスに引っ越ししました。最新の技術を使い、多様なバックグラウンドを持つ社員のためにオープンな環境を目指した素晴らしいオフィスでしたが、個人的には問題がありました。私はＮＥＣ時代からシックハウス症候群（のちに化学物質過敏症と診断）を抱えていて、新しい建築物の内装などから出る揮発性有機化学物質で体調が悪化します。

楽天に転職後も六本木ヒルズから品川のオフィスに移転する際には、他の財務のスタッフから六カ月遅れで入居しました。中古物件で内装のみ改装した品川のビルでも六カ月かかったので、新築の二子玉川のオフィスではもっと長い期間が必要そうでした。新しいオフィスでは、目がちかちかして、吐き気や頭痛、手指や唇の痺れなどの様々な症状が出ます。私のこの病気のことは三木谷さんも山田さんもよく知っていたため、窓が二つあり空気清浄機を二台設置した部屋を、私を含む化学物質に敏感な社員専用に確保してくれました。空気清浄機のうち一台は、三木谷さんが品川移転時にシックハウス対策にポケットマネーで数台購入したもののひとつで、もう一台は髙山さんが同じくポケットマネーで財務経理向けに購入したものでした。しかし、化学物質過敏症という病気は、対象物質を吸い続けることで許容量がどんどん小さくなってしまいます。私はトルエンなどの様々な物質に反応してしまいます。専用部屋でもわずかに発生する化学物質を吸っていることで症状が現れはじめ、滞在可能な時間が徐々に短くなり、ついにほぼ在宅勤務となってしまいました。

クリムゾンハウスのすべての会議室には、ビデオ会議の設備があるので、社内外の会議や打ち合わせのすべてがビデオ会議可能です。一年近く、在宅勤務中心で仕事をする日が続きました。在宅勤務のルールが整っていない頃、かなり柔軟な運用を山田さんはじめ皆さんが認めてくれました。在宅でも、新しい規則に準じたコーポレートガバナンス報告書について、役員や関係部署とビデオ会議での打合せを数十回行い、若手が中心となって完成させました。初の中期計画の発表もしました。オフィスに来訪するアナリストとのミーティングはビデオ会議で出席しました。

ところがある日、自宅で仕事用の動画を見ている最中、突然胸が苦しくなり、頭痛が激しくなってきました。PCの電源を落とすと、体調が回復しました。次にビデオ会議をはじめると、また動悸や頭痛がします。手指から腕までちくちくするような違和感があります。そういえば、主治医である北里大学研究所病院の医師から、米国の事例では化学物質過敏症の患者の六割から七割が、電磁波過敏症を併発するということを聞いていました。

これまでも携帯電話で長く通話すると頭痛がしたり、スマホの画面を長時間操作すると指先がピリピリしたりすることはありましたが、こんなに苦しい動悸や頭痛は初めてでした。電磁波の少ないＦＡＸや固定電話などを使いながら、休み休み仕事をしていましたが、もはや限界で、二〇一六年の暮れ、医師の診断を経てついに休職することになりました。

電磁波過敏症は日本の厚生労働省から病気と認められていないため、診断書の病名は「化学物質過敏症および神経障害」となりました。

休職する前に、ひとつ、申し送りをしました。それは、「楽天経済圏」を、「楽天エコシステム」へと日本語の表記を変えることです。元々は「生態系」という意味のEcosystemを、投資家受けしそうな「経済圏」と訳したのは私自身でしたが、「エコシステム」に戻すべきではないかと思っていました。ビジネスモデルのわかりやすさから「楽天経済圏」はメディアにも普及し、一定の役割を果たしたと思います。

しかし、楽天の創業からの理念である、ユーザーやビジネスパートナーも含めた共生共栄の精神が入っていないことが、ずっと引っ掛かっていたのです。英語ではRakuten Ecosystemを使っていて、楽天のインターネットと金融を融合させたモデルを真似した米中の企業が、彼らのビジネスモデルの名前にEcosystemを使うようになっていました。そこで、IR、広報、企業ホームページ担当に「楽天エコシステム」と表記を変えるようお願いしました。

休職に入り、ぽっかりとした時間ができるようになりました。山田さんからは「神様がくれた休暇だと思って仕事のことは忘れて、ゆっくり休みなよ」と言われていました。三木谷さんからも「しっかり治して戻ってきてね」と言われました。人事からも会社のパソコンは取り上げられ、仕事のメールアドレスは止められました。「伊藤レポート2・0」を策定中の経産省の委員会も休みました。何もできませんが、株価だけは気になりました。休職期間は社内規程で六カ月です。

六カ月後、有線インターネットで一時間ほどパソコンを使えるようになり、スマホでは機内モードを駆使してチャットができるようになりましたが、復職は困難という医師の診断結果がおりました。休職期間満了後に復職できないと退職、という社内規程です。なんとなく、そうなる予感はしていました。一一年九カ月、障害物競争付きのマラソンのように走ってきました。やりきったという想いもあれば、まだ途中、という想いもあります。悔しさよりも寂しさがありましたが、健康より大事なものはありません。二〇一七年六月、楽天を退職することになりました。

さらに二年近くが過ぎました。まだフルタイムの仕事は難しいものの、少しずつできることが増えてきました。有線インターネットなら、半日程度の作業が可能になりました。楽天の元同僚が現在社長を務めるマザーズ上場企業のアライドアーキテクツ株式会社の社外取締役となり、非常勤で働いています。取締役は、株主の代理人であることを強く意識して取り組んでいます。また、ありがたいことに、あちこちからＩＲに関連するアドバイスを求められることが増えてきました。いったん終わったと思っていた私の市場との対話は、違う形で続くことになりそうです。

特別編

# コーポレートガバナンス・コードと資本コスト

# 経済産業省 企業報告ラボと伊藤レポート

私の楽天での障害物付き長距離走の物語は第一一章で終えましたが、これとは別に特別編として、コーポレートガバナンス・コードにまつわる経験をお伝えしたいと思います。第二次安倍内閣の「日本再興戦略」の大きなテーマのひとつがコーポレートガバナンスの改革です。国民の資産は年金などを通じ株式に投資されていますが、日本企業の株価低迷が長く続いていました。株価上昇の重要なファクターであるコーポレートガバナンスの強化が政策テーマとなったのです。

二〇一四年、コーポレートガバナンス・コードの策定のきっかけとなった通称「伊藤レポート」が経済産業省から発表されました。このレポートによって日本の企業と投資家との対話が本質的に変わる潮目が訪れました。ここでは、伊藤レポートでも議論の軸となった「資本コスト」をめぐる三つのギャップについて、実務家の立場で書いていきます。財務に馴染みのない人には難しい内容かもしれませんが、日本のコーポレートガバナンスの歴史的な変化を近くで観察できた経験を共有したいため、もう少々お付き合いください。

私自身の立ち位置を説明すると、私は経済産業省の「企業報告ラボ」の企画委員を務めていました。企画委員会と姉妹関係にあるプロジェクト「持続的成長への競争力とインセンティブ～企業と投資家との望ましい関係構築～」の成果が伊藤レポートです。

伊藤レポートに先立ち、二〇一二年からはじまった企業報告ラボは、日本の企業価値の向上を目指し、機関投資家、企業関係者、学者などの有識者で委員会が構成されました。

発足した当初、

## 投資家サイドと企業サイドでは認識に大きなギャップがありました。

投資家サイドは、日本の上場企業の株主価値への関心の低さやコーポレートガバナンスの情報の少なさゆえ、株式市場は日本企業を信用せず、その結果、株価を低く評価しているのだ、と主張していました。特に、株主資本の収益性を示す指標のROE（Return On Equity）が低く、資本コストを下回っていることが株式市場の長期低迷になっているという意見が根強くありました。

資本にコストがあるとはどんな意味でしょう。銀行借入の場合は、利息です。株主資本においては、株式と交換に資金を拠出する株主には、利息や資金の返済などの一切の「保証」がありません。そこにあるのは配当や株価上昇への

## 「期待」だけです。

株主が最低限、期待するリターン（収益率）、それが株主資本のコストとなります。二〇一二年に行われた調査によれば、国内機関投資家が求める期待リターンの平均値は六％超、海外機関投資家のそれは七％超でした。株主への直接的なリターンは、配当（インカムゲイン）と株価上昇による売却益（キャピタルゲイン）等ですが、市場の様々な要因によって変動する株価は指標として使いづらい面があります。財務諸表を用いた形で株主へのリターンを示すものが、株主資本を分母とし、税引後利益を分子としたＲＯＥなのです。

企業報告ラボでは、日本企業のＲＯＥの過去十年の平均値は、四・九七％（二〇〇〇―二〇一〇年）であると、一橋大学の加賀谷准教授から報告されました。株主資本コストすなわち前述の機関投資家の期待リターンである六～七％を下回っています。ＲＯＥが株主資

本コストより低いとは、資金の拠出者の支援や期待に対し、充分に報いていないことを示唆します。これでは、日本株に投資したいと思う投資家が増えないわけです。事実、欧米では多くの日本株のファンドマネージャーやセールス担当者がリストラされていることが思い起こされました。

さらに、実際に市場での日本株への評価が低い証左として、PBR（Price book value ratio）の分布データの国際比較が紹介されました。株価と一株当たり純資産（株主資本）を対比した評価倍率であるPBRは、日本の上場企業のうち半数近くが一倍割れであることが示されました。純資産とは、財務諸表上の総資産から負債を差し引いた株主の取り分（簿価）ですから、PBR一倍割れとは、その簿価上の取り分より株価が低く評価されているということです。日本企業のPBRは、中央値でも一倍強で、一三カ国中、下から三番目でした。ROEも下から四番目と低く、低評価はつまり低リターンの実績がもたらした結果と分析されました。

そもそも「資本コストを意識したことがない」という企業は、調査に協力した約六〇〇社のうち六割にのぼりました。さらに、ROEとPBRの高低で四分類に企業を分類し、ROEとPBRの両方が低い企業群においては、その比率はもっとも高くなり、分析の裏付けとなりました。

一方、企業サイドは、株式市場の短期的なものの見方にフラストレーションを抱いていました。企業報告ラボが行った企業向けのＩＲに関するアンケートで得た自由回答三一四件のうち、圧倒的多数が「投資家の時間軸が企業経営の時間軸に比べて短すぎる」というものでした。ある企業の発表では、同社の過去の国内機関投資家とのＩＲミーティングの質問を分析し、一年未満の短期業績に関する質問が七四％を占めたという結果が提示されました。これには軽いショックを受けた投資家もいました。

私も事務局から「ＩＲにおいて経営者に話してもらいたい内容」というテーマを提示され、報告を行いました。報告にあたり二〇社を超えるＩＲ担当者にアンケートを行ったところ、ＩＲで経営者に語らせたい内容のトップは企業理念やビジネスモデルの強みなどの非財務情報という結果が出ました。この結果に加え、私見として、経営者は中長期的な株主価値創造プロセスの全体を投資家に語ることが望ましく、プロセスの最後の「答え」である短期的な決算数値だけを安易に訊かれることには違和感があること、もし株主価値創造のプロセス全体を投資家が理解できれば、本源的価値の適正な評価が可能となるであろうこと、などの趣旨のプレゼンテーションを行いました。

企業報告ラボの企画委員会での投資家サイドと企業サイドの認識のギャップは、上場企業約六〇〇社の意識調査や株価などの膨大なデータを分析すればするほど、深いもののように思えました。しかし、このラボの興味深い点は、双方ともそれぞれの言い分を出し切ったあと、なるほど一理ある、とお互いの主張を認め、歩み寄る雰囲気が生まれたことです。

たとえば、企業が不満を感じている投資家の短期主義を反対の立場から見ると、ROEの低さが投資家の長期投資のリスク許容度を低下させ、短期的な投資を引き起こしているという意見がありました。投資家の不満のひとつである企業のコーポレートガバナンスに関する情報発信の少なさの背景には、投資家のコーポレートガバナンスへの質問が少なく、関心が低いと企業が感じている調査事実がありました。鶏と卵の関係だったのです。

企画委員会では、

**企業と投資家の「対話」がお互いの立場に対する理解を深め、結果として持続的な株主価値向上を促していくのではないか**

という、仮説というか、予感めいたものが生まれていました。

伊藤レポートは、企画委員会の方向性を受け継ぎ、議論を重ね、指針として企業報告ラボが世に示したものでした。多くの日本企業の経営者があまり深く考えたことのなかった「資本にはコストがあること」を意識させるため、「ある種のスローガン」としてROEが提示されました。

ROEだけが経営の重要な指標ではないことを承知の上で、上場企業の半数近くを占めるPBR一倍割れの企業の目を覚まさせ、市場全体を底上げする目的だったと伊藤レポートのプロジェクトメンバーが話していました。また、社外取締役の増員や持ち合い株式の解消など、企業にガバナンスの改善を促す事項も多数示された一方、中長期の視点での企業と投資家との対話の重要性に触れたことは、企画委員会からの流れを汲んだものと思っています。

コーポレートガバナンス・コードの起点が、投資家サイドと企業サイドのギャップであったことは、多くのビジネスパーソンにも知っていただきたいことです。次に示す残りのふたつのギャップは、その実践の場で体験した課題であり、ケーススタディです。

# 楽天の資本コストの議論

コーポレートガバナンス・コードでは、「自社の資本コストを把握すること」が企業に求められています。いち企業の例として、楽天ではどのように資本コストを把握し、議論していたかを紹介します。投資家が期待するリターンとしての資本コストと、ファイナンス理論上の資本コストとのギャップに「把握」することの難しさを感じました。

投資家が日本企業に期待するリターンは、前述のとおり、七％超（海外機関投資家の平均）というデータがありました。しかし、個別企業である楽天に期待するリターン、もっといえば、楽天グループの抱える七〇を超える個々の事業への期待リターンはどう考えるべきでしょうか。楽天グループには社内ベンチャーとして急成長期にある事業もあれば、銀行のように安定性を重視しつつ着実な成長を目指す事業もあります。一般的には、高成長期の事業にはハイリスク・ハイリターンの原則から高い資本コストが、安定期の事業には低い資本コストが課されるものです。しかし、楽天の個々の事業への期待リターンを、わざわざ世界中の投資家に尋ねはしませんでしたし、現実的な手法ではありません。

楽天では、コーポレートガバナンス・コードの施行以前から、ファイナンス理論では一般的な評価モデルであるCAPM（Capital Asset Pricing Model）で株主資本コストを算出していました。算出の直接の目的は、マーケティングの指標であるLTV（Life time value）や、M&Aの際に発生する資産であるのれんの評価など、DCFで計算する価値評価に用いる割引率として利用するためです。個々の事業別に設定する割引率は、当時IRを担当する財務企画課からマーケティング部門や経理部門へ提示していました（現在は財務部が担当）。

このCAPMモデルにおける変数のひとつ、株式市場全体と比較したリスク感応度を指すベータは、理論上、株式市場全体と同じリスクであれば1、リスク感応度の高い成長企業では1以上となりますが、楽天の株価の過去のデータを使い算出するとローリスクを示す1未満でした。それもかなり低い方です。1未満のベータを使うと、楽天はインターネット事業という高成長産業に属しているにもかかわらず、日本の上場企業の平均より低い資本コストが結果として得られます。

これは私たちの体感とはかなり異なるものでした。楽天に投資を検討する投資家も、同様の意見と思われます。コーポレートガバナンス・コードが制定された二〇一四年頃に計算した時には、過去五年のデータでも十年でもＩＰＯ来の一四年間でも１に満たない数字でした。同年ＴＯＰＩＸに組み入れられてから多少１に近づきましたが、それでも１を超えず、成長企業にそぐわない低さです。

ＥＣ事業向けには楽天と他の日米インターネット企業の平均のベータを用いたり、専業企業が多い金融事業などでは同業の平均ベータを用いて補正していました。小規模な事業には規模によるプレミアムを勘案しました（その後、ＬＴＶや割引率の算出方法、前提条件は改良を重ねました）。

コーポレートガバナンス・コードの施行を前に、東証などの外部から、「資本コストは何％か」という調査やアンケートが増えてきていました。公表はされないものの、公式見解として出すことになるので、財務とＩＲのスタッフだけでなく、ＣＦＯの山田さんにも議論に加わってもらうことになりました。山田さんに目的と算出の前提を説明の上、楽天の株主資本コストは五％から六％の間くらいと計算している旨を報告しました（注　前提条件の違いにより現在は異なる結果になります）。

その数値を見て、山田さんは「インターネット企業に期待するリターンは一桁後半から一〇％くらい」という自らの期待値と比べると違和感があると言いました。そのとおりと思いつつ、ベータの具体的な補正方法などを詳しく説明すると、「うーん、仕方ないかな」とのこと。次に山田さんはM＆Aチームの担当者を呼びました。楽天の中では企業に投資する立場にある部門ですから、ある意味投資家です。M＆Aの際の、買収対象会社の企業評価の割引率の決め方を尋ねました。

「ある程度安定して成長しているインターネット企業なら一〇％前後、ベンチャーで高成長なら二〇％くらい、アーリーステージ（事業の初期立上げ期）なら四〇から五〇％とか、同規模同業種を参考に決めています。ＣＡＰＭなどの計算式は使っていないですね」

「そうだよね、わかった。ありがとう」

投資銀行にも在籍したことがある山田さんの肌感覚はM＆Aチームの数字と合ったようですが、肌感覚より算出根拠がある方がマシと思われたのか、アンケート回答用の楽天の株主資本コストはＣＡＰＭ補正版の五％台後半でひとまずよしとされました。仮に楽天全体の資本コストを「肌感覚」で決定できたとしても、社内の七〇超の個々の事業の資本コストを同様に決めて各事業部門を納得させるのは困難なので、仕方ないように思えました。株主資本コストとは投資家の「将来の期待」であるはずが、ファイナンス理論上、ベータなどの「過去の実績」を用いて算出することの難しさを感じました。仮に一〇％が楽天の株主資本コストとしても、直前期の二〇一四年の楽天のＲＯＥは一九％台で、株主資本コストを上回っており、資本収益性の評価に大きな問題はなかったものの、すっきりしない議論となってしまいました。

東証からのアンケートには別の質問もありました。ＲＯＥ以外の指標も含めて、経営者が意識している経営指標は何か、というものです。今の日本企業全般に意識が足りていないのは、株主へのリターンを示すＲＯＥが株主資本コストを上回るかどうか、という点であるのは前述のとおりです。が、もちろん、経営には他にも重視すべき指標があります。経営者になじみ深い指標には、収益性を測る売上高営業利益率や、成長性を測る利益成長率などがあります。投資家もこれらの指標をよく見ています。

また、株主から拠出された資金のコストを意識するのであれば、銀行などから拠出された資金である負債も、利益成長のために投下された資本として、当然そのコストとリターンを意識すべきです。また負債が増えすぎ債務超過になれば、倒産の危機となるため、そのような事態を回避するための健全性の評価もすべきでしょう。様々な経営指標のうち、業種や企業の置かれている状況によって、優先すべきものは変わるはずで、東証はそれを質問して考えさせたいのでしょうか。

楽天も負債を多く活用しています。負債のコストは金利です。理論上、負債コストは株主資本コストより低いため、適度に負債を活用することで全体の資金調達コストを下げることができます。「株主資本コストと負債コストの加重平均資本コストであるWACC（Weighted Average Cost of Capital）を意識すべきか」という問いかけが出ました。製造業などの、一般的な事業会社では、これは議論として正しいものです。負債と株主資本の両方を資金調達源としている場合、総資産（負債と株主資本の合計値と一致）に対する利益（税前利益）の比率を示すROA（Return On Assets）を重視する考え方もあります。この場合、ROAはWACCを上回れば、資金の提供者（銀行などの債権者と株主）に報いていることになります。

しかし、金融事業向けの負債が多い楽天は少し事情が異なります。「金融業の負債はある意味仕入れのようなものだから、投下資本とみなすには適切ではない。負債コストを含むWACCは違和感がある」という意見が出ました。会計上も、一般事業会社における利息費用が営業外費用となるのに対し、金融業で借りた負債の利息費用は、営業費用（売上原価）に含まれます。WACCの算出式にある時価総額を使った加重平均の方法にも疑問が出て、候補から消えました。意識すべきなのは、負債と株主資本のバランスや、シンプルに借入金残高と返済余力、という意見も出ました。

一方、「インターネット企業として、成長性を示す利益の増加率の方が重要ではないか」との声もありました。確かに株価にもっとも影響があるのは、一株当たり当期純利益（EPS）の成長率ですから、利益成長を果たすことが株主に報いることとも考えられます。

結論はひとつにまとまりません。

そもそも、会計上の数値を用いた指標なのか、という問いが山田さんから発せられました。

「格付け会社の資本の見方は違うよね、資本の質だよね」

「はい、格付け会社は、資産のリスクを評価し、そのリスクと資本とのバランスを見ます。

会計上の数値をそのまま評価に使うことはありません」

格付け審査では、のれんや金融事業の有する資産などの資産から生じるリスクを評価し、それらのリスクに見合った水準の資本があるかどうかを評価します。のれんには減損リスクが、金融事業の資産には貸倒リスクなどがあります。リスクで資産が目減りする可能性があるなら、それに応じて株主資本を厚めに持っておく必要があるのです。

この少し前、楽天では、資産リスクに比べて株主資本が以前より充実したと格付け会社に評価された結果、発行体格付けがシングルA格に格上げされたところでした。高い格付けによって普通社債発行の費用が低く抑えられました。さらに重要なのは、A格に格上げされたことで、銀行事業や証券事業での資金調達に係る金融コストが顕著に低下したことです。バランスシートの中身がほぼ金融事業である楽天にとっては高い格付けの維持が資本政策上の重要な条件なのです。

「俺たちが今までやってきたことは、表面上のROEやROAを上げることではなくて、リスク資産と資本と負債とのバランスを取りながら資金調達コストを最小化し、利益を最大化させることなんじゃないの？」

山田さんのことばに、皆考えこみながらうなずきました。誰かが付け加えました。

「はい、あえて言うと利益の総額ではなく、EPSを上げること、それも中長期で、でしょうか」

東証のアンケートには、ROE、ROA、株主資本比率（総資産に対する株主資本の比率）、利益成長率などの複数の指標を総合的に勘案すると回答することにしました。

一般的なファイナンス理論をそのまま適用することはできませんでしたが、楽天の複雑な事業構成を前提とした資本効率の向上と利益成長の考え方を再確認した、といってよいのかもしれません。振り返ると、このファイナンス理論とのギャップの議論そのものが重要だったと思います。事業の性質に応じて資本コストの考え方は変わってくるものであり、たとえば製造業と商社と銀行では資本の配分や収益の評価の方法は異なります。

楽天はインターネット企業ですが、商社のような投資もあれば、金融事業も多数あります。二〇一九年には通信事業にも本格参入します。その時々の事業構成や市場環境に合わせた議論を行うことこそ、経営者の果たすべき役割なのだと考えています。私の退職後、楽天では最適資本構成と資本効率性については、経営陣を交えてさらに議論が深まっているようです。資本の最適な配分を目指して、事業や資産の売却も以前より増えました。現

ＣＦＯによると、まだ途上とのこと、一層の進化が期待されます。

## スチュワードシップ研究会

もうひとつ、会計上のＲＯＥと実質的な株主資本の収益性とのギャップについての議論もご紹介します。山田さんが指摘したように、投資家も会計上の表面的な数値だけを見ているわけではないのです。その議論には、スチュワードシップ研究会に講師として招かれた際に遭遇しました。私が招かれた趣旨はＲＯＥに関してではなく、楽天が国際財務報告基準（ＩＦＲＳ）を導入した際に、アナリスト向けに詳細な解説資料を作成したことについて話を聞きたい、ということでした。

研究会の出席者は機関投資家の運用担当者、ＥＳＧ担当者、ストラテジスト、証券会社所属の会計専門家など様々です。私はＩＦＲＳ導入の目的やアナリスト向け資料作成の背景などをひと通り説明し、最後に今後の課題をいくつか挙げました。

そのひとつとして、ＩＦＲＳでのＲＯＥの扱いの難しさに数分コメントしました。ＩＦＲＳでは基本的に資産および負債を時価で評価します。しかし、時価評価により、本質的でないＲＯＥの変動が顕著に発生するようになりました。たとえば、投資有価証券の時価評価には複数の選択肢があり、評価益がＲＯＥの分母分子の両方に計上される手法や分母のみに計上される手法などがあります。また外貨建ての資産を時価評価することで、日本基準に比べ為替の影響も大きくなりました。

伊藤レポートの主旨に賛同しつつ、ＲＯＥを評価軸として使う難しさを、企業評価のプロたちに向かって恐る恐る話しました。単年のＲＯＥは不安定なので、複数年の平均などを使うか、傾向を見る程度に利用するのが適切と考えます、としてプレゼンテーションを締めくくりました。

終わった途端、参加していた機関投資家の方々から、勢いよく質問が浴びせられました。

「ＩＦＲＳでは、ＲＯＥを定義していないのをご存知ですか？」

「東証では、決算短信に記載するＲＯＥについて、ＩＦＲＳ上のどの科目を使うべきか指定があります」

「それは東証の基準でしょう。ＩＦＲＳで定められたものはないんですよ」

「えっと、それはどういう意味でしょうか」

「ＩＦＲＳの基準を決める人たちは、ＲＯＥを定義すべきでないと考えているんですよ」

「はあ」


ぼーっとした私の返事のあと、投資家の間で喧々諤々の議論が勃発しました。ロの字型に配置されたテーブル越しに、参加者同士で、「定義すべきではない」は何を示唆するのか、ＲＯＥの本質とは何で、どう投資や議決権行使の判断に使うのか、熱く議論が交わされます。会計上の一過性要因を補正したＲＯＥを使うべきか、それともキャッシュフローなどの別のものを重視するのか、様々な意見が飛び交い、講師のはずの私は少々置いてけぼりになりました。私は、会計基準によってＲＯＥの不安定さが異なることを言いたかっただけなのですが、何か別の引き金を引いてしまったようでした。

研究会に参加してわかったことは、市場はROEだけでなく、本質的な株主へのリターン向上の道筋がわかる指標や説明を企業に求めている、ということでした。平たくいえば、

**いつ、どのような性質の資金をいくら（コスト）でどの程度（金額）調達し、何に、どう使って利益を上げ、株主価値を高めるのか**

を知りたいのです。そのための対話がスチュワードシップ・コードのいう「エンゲージメント」（目的のある対話）なのでしょう。会計上の資本収益性を示すROEと実質的な資本収益性のギャップを認識したことで、株主価値向上のための議論がより真剣なものになったことを目の当たりにしました。

## ガバナンス改革の先にあるもの

伊藤レポートにも「ROEは経営の目的ではなく結果であり、持続的成長への競争力を高めた結果として向上する」としっかり書かれています。伊藤プロジェクトのメンバーによると、現在は企業が資本コストや株主価値へ意識を向けるための過渡期なのだそうです。ROEが問題でなくなる時が真のガバナンス改革の達成というメンバーもいます。企業側がROEや資本コストの意味を咀嚼し、自社のビジネスモデルを踏まえた資本効率と収益性の向上施策をわかりやすく語れるようになれば、次のステップへと進んだことになるということでしょう。

ROEではなく、意志を持ってROIC（Return On Invested Capital）を経営指標として掲げ、「逆ツリー分解」して現場まで浸透させているオムロンのような企業もあります。株価とリンクしやすいEPS成長率を掲げる会社もあります（ちなみにある条件が整うと、EPSのサステナブル成長率はROEに比例します）。また楽天のように最適資本構成を志向しつつ利益成長とLTVの最大化を目指すちょっと変わった企業も出てきています。

ここで述べた三つのギャップのうち、投資家サイドと企業サイドの認識のギャップは、対話によって徐々に縮まりつつあります。残りの二つのギャップについては、ギャップの存在と根拠を知ることで対話の質が高まるのではないかと予想しています。横並びのROE目標値からはじまった日本のコーポレートガバナンスの改革は、まだまだ続くことになりそうです。企業によって説明に個性が表れるこの議論は、経営トップのみならず、IRや財務の実務家の役割も大きくなると考えています。

質問に受け身で答えるまま投資家の短期志向を嘆くのではなく、資本市場の一員として、企業側からも資本の配分の考え方などについて建設的で双方向の議論を行うべきでしょう。

この種の議論で先行する企業であるエーザイは、IRやガバナンスがよいという理由で、株価に一〇%ほどのプレミアムが付される（プラスに評価される）というレポートが投資家やアナリストから出るそうです。

ガバナンス改革の結果、企業と投資家との質の高い対話が増え、日本の株式市場の評価

が高まり、

**社会の変革に挑戦する企業の資金調達が低いコストで行われる。**

そのような企業を応援する投資家が高いリターンを得て、そして年金や投資信託などを通じて

**国民の資産が潤っていく。**

そのようなお金の循環が続くエコシステムが、日本で大きく発展することを心より願っています。

# おわりに

本書を執筆するにあたり、とても多くの人に助けられました。

まず、三木谷さんと楽天の上司・仲間たちとの出会いと、ともに走り続けた日々がなければこの物語が存在しなかったことにありがたさを感じています。そして、執筆を終え、あらためて、企業としても個人としても、非常に多くの資本市場の関係者に支えられていたことを実感し、深く感謝の意を表します。このような得難い経験は、ＩＲというポジションだからこそ可能になったと感じています。

推薦のおことばをいただいた伊藤邦雄先生、本書のきっかけをいただいた三瓶裕喜さんには心よりお礼を申し上げます。おふたりをはじめとした企業報告ラボと伊藤プロジェクトの皆さんには、企業と市場との対話の効果を信じるもの同士として、これからもご指導いただけると幸いです。

町田夕子さん、松島瑞子さん、そして証券会社の担当者や楽天の現役社員の皆さんほか、書き切れないほど大勢の方に、内容につき真摯な助言をいただきましたこと、本当に感謝しています。ありがとうございます。

経験の浅い私を出版まで導いていただいた担当編集の西村裕さんにもお礼申し上げます。

最後までお付き合いいいただいた読者の皆さんに、最大級の謝辞をささげます。私の経験がわずかでも参考になり、ＩＲの面白さを感じていただければ本当にうれしく思います。

この世の中を変えようと挑戦する人が、それを応援しようとする人と出会い、対話を重ね、株を買ってもらい、わくわくするような未来をつくり、すべてのステークホルダーに報いるような社会を、ともに妄想しませんか？

# ［参考文献］

『持続的成長のための「対話」枠組み変革 日本における企業情報開示と株主総会プロセス上の課題』（伊藤邦雄ほか監修、商事法務）

『コーポレートガバナンス・コードの実践　改訂版』（武井一浩 編著／井口譲二／石坂修／北川哲雄／佐藤淑子／三瓶裕喜著、日経ＢＰ社）

『新しい株式報酬制度の設計と活用─有償ストック・オプション&リストリクテッド・ストックの考え方』（中村慎二著、中央経済社）

『ＩＰＯをやさしく解説！　上場準備ガイドブック　第３版』（新日本有限責任監査法人編、同文館出版）

『証券アナリストのための企業分析　定量・定性分析と投資価値評価』（日本証券アナリスト協会編、東洋経済新報社）

『ＲＯＥを超える企業価値創造』（柳良平／広木隆／井出慎吾著、日本経済新聞出版社）

『立場別・ステージ別　ストック・オプションの活用と実務　第４版』（税理士法人ＡＫＪパートナーズ編、中央経済社）

『投資される経営　売買《うりかい》される経営』（中神康議、日本経済新聞出版社）

「米国における経営者予想開示の推移と わが国へのインプリケーション」（太田浩司、姜理恵、証券アナリストジャーナル２０１１年６月号）

「持続的な企業価値創造のためのＩＲ／コミュニケーション戦略実態調査」（経済産業省　企業報告ラボ）

『東京証券取引所 会社情報適時開示ガイドブック』（東京証券取引所上場部編）

その他以下の団体・官庁・企業のウェブサイト・広報資料などを参照：東京証券取引所、経済産業省、大和証券グループ、ＳＭＢＣ日興証券、野村證券、ＰｗＣ、ＩＲ Ｊａｐａｎ、シナジーマーケティング、ヤフー、オムロン、楽天、楽天証券、楽天信託、ＮＥＣ、ルネサスエレクトロニクス

付録

# インベスター・リレーションズ（IR）実践ミニ用語事典

## 数字

### Ⅱの部

東京証券取引所（東証）本則市場に上場申請する場合に作成・提出する「新規上場申請のための有価証券報告書（Ⅱの部）」をいう。会社の事業の内容、外部環境、内部管理体制、経営方針、予算および将来計画などを詳細に説明する資料。東証の上場審査の中心的役割を担う重要な資料。記載内容については、取締役会議事録、稟議書、社内規程等、事実関係が確認できる資料の準備が必要。上場承認後に公開される「Ⅰの部」と異なり、非公開。

## アルファベット

### ＡＤＲ

American Depositary Receiptの略で、日本語では米国預託証券。米国以外の国で設立された企業が発行した株式を裏づけとして米国で発行される有価証券。ＡＤＲは、裏づけとなる株式から生じる経済的権利の全てを含む有価証券であるため、ＡＤＲの保有者は株式を保有するのとほぼ同じ効果を得ることができる。ＡＤＲはそのプログラムにより、スポンサーなし（Unsponsored）ＡＤＲとスポンサー付き（Sponsored）ＡＤＲに分かれる。

スポンサーなしは、当該企業の同意なしに発行される。当該企業の同意があるスポンサー付きのうち、上場の有無、資金調達の有無によってレベル１、２、３に分かれる。レベル１は店頭登録のみで上場しないため、一般投資家による取引はできないが、開示義務が少ない。レベル２は米国市場上場、レベル３は米国市場上場及び資金調達が可能で、いずれも厳格な審査と上場後の広範な情報開示義務が課せられる。

## CAPM

Capital Asset Pricing Modelの略で、資本資産評価モデルと訳される。「キャップエム」と読む。株主の期待収益率すなわち株主資本コストとして古典的な計算方法。以下の式で表される。

RE＝Rf+β（Rm－Rf）

RE：株式の期待収益率
Rf：リスクフリー・レート
β：株式のβ値
Rm－Rf：市場のリスク・プレミアム

日本株においては、リスクフリーレートに日本国債長期利回り、市場のリスクプレミアムにＴＯＰＩＸの長期（30～50年）平均成長率を使う場合が多い。しかし長期低迷しているＴＯＰＩＸにおいてはＣＡＰＭが成立していないという意見や、そのような前提で算出された株主資本コストは海外機関投資家の期待に沿わないという意見もある。

## DCF

企業価値算定手法の代表的なもので、Discounted cash flowsの略。事業が生み出すフリーキャッシュフローの期待値を割引率で割り引いて現在価値を求めたものを企業価値とする手法。

## ESG

①地球温暖化などへの環境への配慮（Environment）、②顧客、取引先、従業員等のステークホルダーとの関係などに代表される社会問題（Social）、③株主から見た企業統治（Governance）の、企業の持続的な発展に欠かせない三つの頭文字を取ったもの。社会貢献活動とはまったく異なる概念なので注意。Global Sustainable Investment Alliance によると、２０１８年の全世界のＥＳＧ投資の資産額は30・７兆ドルに達し、２０１６年から34％増加した。運用資産全体に占めるＥＳＧ投資額の比率は、欧州48・８％、米国25・７％、日本18・３％。

## ＩＦＲＳ

「国際財務報告基準」の項を参照。

## ＩＰＯ

Initial Public Offeringの略で、新規株式公開や、新規株式上場を指す。企業にとっては、証券取引市場に株式を上場させることで、幅広い投資家に株式を購入してもらうことが可能となる。

## Ｊ－ＳＯＸ

財務報告に係る内部統制制度。金商法等により、経営者が自社の財務報告プロセスの有効性を評価することに加え、経営者の評価を監査法人が確認することが上場企業等に義務付けられている。具体的には、財務報告プロセスの評価を報告する「内部統制報告書」、有価証券報告書の適正性を確認する「確認書」の提出が求められている。米国で企業会計・財務諸表の信頼性を向上させるために制定されたＳＯＸ（Sarbanes-Oxley）法の日本版という意味でＪ－ＳＯＸと呼ばれている。

## ＫＧＩ

Key Goal Indicatorの略。ＫＰＩの項を参照。

## ＫＰＩ

Key Performance Indicatorの略。経営における達成すべき重要な非財務指標のこと。ＩＲにおいては、事業の性質に応じて、企業価値創造と関連性が高い指標をＫＰＩとして開示することで投資家の投資判断の一助となる場合がある。本書第10章では、経営管理の観点でＫＧＩ（Key Goal Indicator）と使い分けている。ＫＧＩが売上高などの企業経営において最終的に達成すべき重要指標を指すのに対し、ＫＰＩは営業訪問回数などの管理可能な行動指標を指す。なお、他の章ではＫＧＩとＫＰＩの厳密な使い分けを行っていない。

## ＬＴＶ

Life Time Valueの略。顧客生涯価値。一人、あるいは一社の顧客が、特定の企業やブランドと取引を始めてから終わりまでの期間（顧客ライフサイクル）内にどれだけの利益をもたらすのかを算出したもの。

## ＰＢＲ

Price Book-value Ratioの略で、株価が一株当たり純資産（BPS：Book value Per Share）と株価との比較で、株式の価値を評価する手法。株価÷1株当たり純資産で算出可能。ＰＢＲ1倍割れとは、企業の価値が会計上の純資産より低いと株式市場から評価されていることを意味する。

## ＰＥＲ

Price Earnings Ratioの略で、日本語では株価収益率。企業の収益力を株価と比較することで株式の価値を評価する手法。時価総額÷当期純利益または株価÷一株当たり当期純利益（ＥＰＳ）で算出できる。

## ＲＯＡ

Return On Assetsの略で総資産利益率。総資産を使って、事業利益をどれだけ生み出されたのかを示す、財務分析の指標。負債には節税効果があるため、分子には事業利益（税前利益等で代用可）が使われる。東証の決算短信における日本会計基準（連結）およびＩＦＲＳにおけるＲＯＡの表記・計算ルールは以下のとおり。

総資産経常利益率（日本会計基準、連結）＝経常利益÷（期首総資産＋期末総資産）÷２）×１００

資産合計税引前利益率（ＩＦＲＳ、連結）＝税引前利益÷（期首資産合計＋期末資産合計）÷２）×１００

## ＲＯＥ

Return On Equityの略で、日本語では一般に自己資本利益率という。自己資本（純資産）に対してどれだけの利益が生み出されたのかを示す、財務分析の指標。株主の持分に対する投資収益率を示す。その意味で、ＲＯＥは株主資本コスト（投資家の期待収益率）を上回るのが望ましい。東証の決算短信における日本会計基準（連結）およびＩＦＲＳにおけるＲＯＥの表記ルールは以下のとおり。

　自己資本当期純利益率（日本会計基準、連結）＝親会社株主に帰属する当期純利益÷（（期首自己資本＋期末自己資本）÷２）×１００

（※自己資本＝純資産合計－新株予約権－非支配持分）

　親会社所有者帰属持分当期利益率（ＩＦＲＳ、連結）＝親会社の所有者に帰属する当期利益÷（（期首親会社所有者帰属持分＋期末親会社所有者帰属持分）÷２）×１００

## ROIC

Return On Invested Capitalの略で、投下資本利益率。一般的な計算式は、

ＲＯＩＣ＝（営業利益×（１－実効税率））÷（株主資本＋有利子負債）

　企業は株主から預かった株主資本と、銀行借入金などの他者から拠出された資金（有利子負債）を投下して事業を行う。投下資本利益率は、有利子負債も含む実質的な投下資本からどれだけ利益を稼いだかを測るための指標。ＲＯＡとの大きな違いは、買掛金や未払金などの無利子負債は、営業用であり投下資本ではないとし、分母から除外していること。

## SR

Shareholder Relationsの略で、株主向け活動を指す。ＩＲが投資判断に資する情報を広く株式市場全般に対し発信することに対し、株主総会における議決権行使に関連する情報提供および株主との関係構築などの株主対応の活動をいう。企業により、ＩＲ部門とは別に設置することもある。

## Sum of the parts

　収益成長率やリスクなど、性質の異なる複数の事業体からなる企業を評価する手法のひとつ。ＳＯＴＰと略す。各事業をＥＶ／

EBITDA、またはそれぞれの事業の属する業界で一般的な評価手法を用い、評価し、それを足し合わせる方法。各事業の価値の総和にコングロマリットディスカウント／プレミアムや、非事業性資産／負債等の調整を施して企業価値を算出する。

### WACC

Weighted Average Cost of Capitalの略で、加重平均資本コスト。負債と株式のウエイトに応じた加重平均を取った資本コストで、企業活動に投下した資本全体のコストとなる。負債の資本コストは金利、株式の資本コストは投資家の期待収益率で、コーポレートファイナンス理論ではCAPMを使うことが多い。負債と株式の比率は時価を用いる。負債は実務上は簿価で代用することが多い。株式の時価は時価総額となるが、一定期間の平均を取ることもある。

## ア行

### アウト・オブ・ザ・マネー

本書内では、株価がストックオプションの行使価格よりも低く、行使しても含み損が出る状態をいう。一般的には、オプション取引において、オプション取引の権利所有者が権利行使した場合に、損失が出る状態をいう。原資産価格がコール（購入）オプションの行使価格よりも低い状態またはプット（売却）オプションの行使価格よりも高い状態。対義語は「イン・ザ・マネー」。

### アナリスト

本書では企業価値を分析する証券アナリストを指す。証券会社に所属するアナリストは、顧客である機関投資家に対し企業の買い推奨・売り推奨などを付した分析レポートを提供するため、セルサイドアナリストと呼ばれる。機関投資家内で、自社の投資判断のために分析を行うアナリストはバイサイドアナリストと呼ばれる。

### アニュアルレポート

米国上場企業などにおいては、年次報告書を指す。日本においては、任意の投資家あるいは一般向けの会社の経営状況のレポート。決まったフォーマットはないが、経営者のメッセージ、直近事業年度の概況、財務情報などを含めるのが一般的。近年はＥＳＧ情報を加え、統合報告書として発行する企業が増加している。

## インサイダー情報

インサイダー取引規制を目的に金融商品取引法において定められている、上場会社やその子会社の重要な経営・財務等に関する未公表の重要事実のこと。未発表の決算のほか、子会社設立、Ｍ＆Ａ、事業売却などの重要案件の決定事実や、損害などの発生事実などを含む。金融商品取引法に別途定められている臨時報告書の提出要件や、証券取引所の適時開示規則に定められている重要事実とよく似ているが微妙に異なるため、留意。

## インデックスファンド

ファンドの基準価額がある指標（インデックス）と同じ値動きを目指す運用をする投資信託等のこと。通常、ファンドがベンチマークとする株価指数（ＴＯＰＩＸなど）に採用されている銘柄群と全く同様の銘柄構成を採り、各企業の株式のファンドへの組入れ比率も株価指数への影響度に比例した割合とする。パッシブファンドとも呼ばれる。これに対し、運用担当者（ファンド・マネージャー）が、株式・債券・その他有価証券等の銘柄及び投資割合を決定する投資信託等をアクティブファンドという。アクティブ運用においては、本源的価値より株価が安い場合に投資する「バリュー」投資や、成長性に着目する「グロース」投資などの様々なスタイルがある。

## ウィンドウ

募集または売出しを行う際、企業が未発表の決算情報などのインサイダー情報を抱えておらず、関連法令に抵触する怖れの低く、投資家の実務上も対応可能な、案件の事実上の実行可能期間。

## 価値創造プロセス

本書内においては、価値創造のための企業の営みの一連の流れ。伊藤レポート2・0の価値協創ガイダンスにおいては、企業における「価値観」、「ビジネスモデル」、「持続可能性・成長性」、「戦略」、「成果と重要な成果指標（KPI）」、「ガバナンス」が、企業価値向上のために設計されたプロセスを指す。「企業は、全体としての価値創造に関連するKPIを分解した結果が独自のKPIに結びつくように、または、独自のKPIを積み上げた結果が企業価値創造のKPIに接続するようにKPIを設定し、組織全体として価値創造プロセスが実現するような設計を意識すべきである」と記載されている。

## カバレッジ

証券会社や調査機関などが、調査対象の企業に対しアナリスト・レポートの発行などを行うことをいう。たとえば、A社の新任セルサイドアナリストが初めてX社のレポートを発行した場合、「A社がX社のカバレッジを開始した」という。

## 兜倶楽部

東京証券取引所ビルの地下1階にある記者クラブ。株式や企業財務を担当するマスコミの取材拠点であり、上場企業が開示資料を配布する投函ボックスや、記者会見などが行える会議室がある。

## 株主総会

株式会社の最高意思決定機関。会社法に基づき、議決権を保有する株主を招集し、直近の事業年度の事業報告を行い、会社の基本的な方針などの重要な意思決定に係る議案を株主に諮る。

## 関連当事者取引

オーナー社長や親会社など、上場企業の主要な株主のことを関連当事者という。関連当事者との間で不当な取引を強制され、他の少数株主の利益を損なうことがないよう、上場時においては、取引の合理性および妥当性において厳しい審査を課される。取引の合理性がない場合は、取引の解消を、取引条件が妥当でない場合には、第三者との一般的な取引条件と同等であることを求められ、さらに有価証券報告書や目論見書などによる開示が義務付けられている。英語ではRelated party transaction.

## 議決権行使助言会社

機関投資家向けに、株主総会における議決権を行使する際の判断基準を提供する会社。ＩＳＳ（Institutional Shareholder Services）やGlass Lewisなどがある。企業のあるべきコーポレート・ガバナンスの姿と、国や市場などの背景を考慮し、賛否の方針を公表する。特に海外機関投資家の多くがこの方針に沿って議決権行使を行う。大手機関投資家においては、助言会社の方針はあくまで参考程度とし、独自に議決権行使基準を設定することもある。

## 業績予想修正

上場会社が、業績予想を開示している場合、その期間の実績が予想を大きく下回る（上回る）場合に、業績予想の下方修正（上方修正）を行うこと。東証の場合は、売上高がプラスマイナス10％、利益の場合にはプラスマイナス30％が一つの基準。

## グローバル・オファリング

国内の市場だけではなく、海外市場においても同時に募集または売出しを実施することをいう。海外の法令、特に米国証券取引法に関連する法的チェックが必要となる。本書第11章における「ルール１４４Ａ」は、グローバルオファリングの手法のひとつで、米国では一定の条件の下で適格機関投資家（ＱＩＢ）に対する私募、米国外では公募とする手法。米国証券法の規則１４４Ａに基づき、証券の米証券取引委員会（ＳＥＣ）への登録届出書が不要となる。

## クワイエットピリオド

沈黙期間、静粛期間またはブラックアウトピリオドともいう。通常は、インサイダー情報である未発表の決算情報を、誤って一部の投資家に伝達することを防ぐ目的で、四半期決算発表前の一定の間、企業がＩＲミーティングを原則として実施しない期間をいう。一般的な期間は、３週間から６週間程度であるが、企業によって大きく異なる。情報管理を徹底し決算前のＩＲを行う企業もある。

他方、米国で募集または売出しを行った場合には、登録発効日から定められた一定日数（40日）の間のことをQuiet Periodと呼び、米国証券法により、この期間中には目論見書とその修正版の情報のみの開示が許され、それ以外の一切の情報提供が禁じられている。

## 公募増資

企業が、不特定多数から投資家を募って新規に発行する株式の取得を勧誘し（公募）、その結果資金を調達して資本を増強すること（増資）をいう。対象人数にかかわらず、新規株式発行を行い、投資家を募ることを募集という。原則50名以上の募集で公募、49名以下で私募という。これに対し、既存株主が保有している株式を市場に放出することを売出しという。

## コーポレートガバナンス・コード

東証が２０１５年に施行した、実効的なコーポレートガバナンスの実現に資する主要な原則を取りまとめたものをいう。東証一部および二部に上場する企業は、コードの全原則について、マザーズ及びＪＡＳＤＡＱの上場会社は、コードの基本５原則について、実施（コンプライ）するか、実施しないものがある場合には、その理由を説明（エクスプレイン）することが求められる。すべての原則においてコンプライを求められるものではなく、各企業の考え方として積極的なエクスプレインも期待されている。

## 国際財務報告基準（ＩＦＲＳ）

International Financial Reporting Standardsの略。「アイエフアールエス」または「イファース」と読む。国際会計基準審議会（ＩＡＳＢ）によって設定される会計基準。各国で異なっていた会計基準を国際的に標準化することで、財務諸表の透明性と比較可能性を高めることを目的としている。日本においては、ＩＦＲＳ導入企業はいまだ少数派で、２０２１年でも３００社程度と見込まれている（野村證券予測）。他方、日本会計基準においても、ＩＦＲＳとの差異を縮小することによってＩＦＲＳと同様な会計基準を採用しようとする「コンバージェンス」が進められている。

## コンセンサス

「市場のコンセンサス」と使われる場合、株式市場で大多数の人に支持される見解をいう。「アナリスト・コンセンサス」と使われる場合には、セルサイドアナリストの業績予想の平均値をいう。「会社予想を達成したものの、アナリスト・コンセンサスを下回ったため、株価が下落した」などと使われる。

**サ行**

## 債権流動化

流動化（証券化ともいう）とは、一般に、企業がその保有する資産（例えば、売掛債権、不動産、動産など）を他の主体（例えば、信託や特別目的会社（ＳＰＣ））に譲渡し、この譲渡した資産から生じる権利を投資家に販売することで資金を調達する手法のことをいう。本書では、クレジットカード事業等における貸出債権を売却することで、同事業向けの資金調達を行っていた。

## サステナブル成長率

一株当たり利益（ＥＰＳ）、一株当たり配当（ＤＰＳ）の中長期的成長の概念の一つ。

サステナブル成長率＝ＲＯＥ（１－配当性向）

［ＲＯＥ＝当期純利益÷期首の自

己資本」と定義し、利益処分の社外流出は配当のみとし、増資はなく期中の自己資本の増加はすべて内部留保によるものとした場合、期首から期末にかけての自己資本成長率は「当期内部留保÷期首自己資本」となる。さらに配当性向とＲＯＥが一定とした場合の一株当たり配当（ＤＰＳ）の成長率は次のようになる。

ＤＰＳの成長率＝ＥＰＳの成長率（※配当性向一定）
＝１株当たり純資産の成長率（※ＲＯＥ一定）
＝当期内部留保÷期首自己資本（※有償増資なし）
＝当期利益×（１－配当性向）÷期首自己資本
＝ＲＯＥ（１－配当性向）

## 実質株主

機関投資家などは、株式を用いた運用に際し、直接株式を取得するのではなく、信託銀行・株式保管銀行（カストディアン）を通じ株式売買の決定権、議決権、および経済的便益などを享受する方法をとっている。企業の株主名簿にはカストディアンが名義上の株主として記載されており、その背後にある運用・議決権行使決定者を実質株主と呼んでいる。

## スチュワードシップ・コード

機関投資家が、顧客の利益を守る受託者責任だけでなく、投資先企業等の持続的な成長との両立を図ることで、中長期的な経済成長を果たすという考えの下で制定された行動原則。日本版スチュワードシップ・コードでは、機関投資家が、投資先企業やその事業環境等に関する深い理解に基づく建設的な「目的を持った対話」（エンゲージメント）などを通じて、当該企業の企業価値の向上や持続的成長を促すことにより、機関投資家の顧客（最終受益者を含む）の中長期的リターンを図ることを「スチュワード責任」と定義した。

## ストックオプション

新株予約権のうち、労働・役務提供の対価として役員・従業員等に対し付与されるもの。株式をあらかじめ定められた価格で購入できる権利。

**タ行**

## 適時開示

証券取引所が、投資家が適切に投資判断を行えるよう、上場企業に課している上場会社の経営・財務に関する重要な決定事実・発生事実をタイムリーに（適時）かつ公平に開示させる規則。業績および財政状態に与える影響によって基準が設定されている。売上高プラスマイナス10%、利益プラスマイナス30%のほか、内容により資産や資本に関する基準も設けられている。本書では、この証券取引所の規則に基づく開示を適時開示と呼び、PRを含む一般的なプレスリリースとは区別している。

## デューディリジェンス

一般的には、投資やM&Aなどの取引に際し、対象企業や不動産・金融商品などの資産価値の調査活動。本書では、証券会社が、企業の新規発行をいったんすべて引受け、投資家に販売するリスクリターンを適正に把握するための事前調査活動。

## 投資銀行

主として法人向けの資金調達やM&Aなどへの金融サービスを提供する専門家集団で、証券会社においては「投資銀行部」と呼ばれる一つの部門。

## トラックレコード

過去の実績や履歴のことをいう。ビジョンや中期目標だけでなく、業績やKPIなどでの過去実績を用いて投資家を納得させる材料。

**ナ行**

## のれん

企業のM&A（買収・合併）の際に発生する買収価格と被買収企業の純資産との差額。英語ではGoodwill。

**ハ行**

## 反社会的勢力のチェック体制

上場時における反社会的勢力の

排除に関する審査項目。具体的には、経営トップが反社会的勢力との関係を排除するための基本的な考え方の社内外への宣言、反社会的勢力に対応する部門を決定し情報を一元管理化すること、対応マニュアルの整備や業務フローの見直しを行うこと、外部専門機関との連携を行うこと、契約書や取引約款に反社会的勢力排除条項を導入することなどが含まれる。

## フェア・ディスクロージャー

上場会社などが投資家に対し、投資判断に影響を及ぼす重要な情報について適時かつ公平に開示を行うことをいう。本書の執筆対象期間の後、日本で２０１８年にフェア・ディスクロージャー・ルールが施行された。原則として、上場会社等が重要な情報をある市場関係者に伝えた場合、同時または速やかに広く公表する義務がある。同ルールにおいては、重要な情報とは、金商法に定められているインサイダー情報のほか、投資判断に重要な影響を与えるものも含む。公表の方法には、これまでのインサイダー取引規制で定められていた①金融庁のシステムであるＥＤＩＮＥＴによる法定開示、②複数の所定報道機関への開示から12時間が経過すること、③証券取引所のシステムであるＴｄＮＥＴによる適時開示に加え、④インターネットによる開示（企業のホームページ等への掲載）も認められている。

## プレスリリース

本書では、証券取引所の適時開示規則の対象外の事実も含む、ＰＲなどの一般的なマスコミ向けの広報文書を指す。

## 本源的価値

内在価値ともいい、英語ではIntrinsic value。市場取引の結果として決まる株価との対比として、企業の収益力、財務内容、成長性などについての定量的・定性的な分析を含む総合的な評価から得られる本源的な価値をいう。投資判断では、本源的な価値が株価より下方に乖離（割安）あるいは上方に乖離（割高）しているかに基づいて意思決定を行うため使われる。

マ行

## 目論見書（もくろみしょ）

有価証券の募集または売出しにあたって、投資家に交付する書類。対象企業の経営・財務・リスクをくまなく記載し、投資家の投資判断の材料とする。

英語ではProspectus、またはOffering circularという。それぞれＰｒｏｓやＯＣと略すこともある。

ヤ行

## 有価証券報告書

金融商品取引法に基づき、事業年度ごとに作成する企業内容の報告書。事業の状況や財務情報を掲載している。事業年度が終了してから3カ月以内に提出することが上場企業および1億円以上の有価証券を発行している会社に義務付けられている。

ラ行

## リストリクテッド・ストック

譲渡制限株式。役職員向けに、通常無償で株式を付与し、一定期間その株式の処分や売却が制限（禁止）される、インセンティブ報酬の一種。欧米では株式を用いた業績連動型の報酬制度としては一般的なものであったが、日本では法令上の扱いが不明瞭であったため、導入されていなかった。２０１６年、会社法上・税法上の論点の明確化と金商法開示の規制緩和がなされ、日本版リストリクテッド・ストック（特定譲渡制限付株式）が導入された。

## ロードショー

株式の募集または売出しに際し、経営陣が機関投資家などを訪問し、会社説明を行うことをいう。

## ロングオンリー

買いポジションを「ロング」と呼ぶことから、買いポジションのみで構成する伝統的な投資手法。これに対し、ヘッジファンドなどで一般的な買い（ロング）ポジションと空売り（ショート）ポジションを組み合わせる投資手法をロングショートと呼ぶ。

**市川祐子**（いちかわ ゆうこ）

マーケットリバー株式会社 代表取締役社長。

1970年生まれ。1993年NEC入社。半導体部門の分社・上場等を担当。2005年楽天入社、IR統括及び財務企画に従事。2016年同社IR部長。2018年アライドアーキテクツ社外取締役（現任）。約15年間にわたり、IR、資金調達及び東証一部上場準備を経験。Institutional Investor誌において2013年より5年連続「Best IR Professionals」Top 3にランクイン（セクター別）。経済産業省「企業報告ラボ」企画委員（2012-2017年）、同省「持続的成長に向けた長期投資（ESG・無形資産投資）研究会（伊藤レポート2.0）」委員（2016-2017年）。日本証券アナリスト協会認定アナリスト。慶応義塾大学理工学部卒。

# 楽天IR戦記

## 「株を買ってもらえる会社」のつくり方

2019年6月17日　第1版第1刷発行
2024年8月 6 日　　　　第5刷

著　者　　市川祐子
発行者　　中川ヒロミ
発　行　　株式会社日経BP
発　売　　株式会社日経BPマーケティング
〒105-8308 東京都港区虎ノ門4-3-12
https://www.nikkeibp.co.jp/books

ブックデザイン　山田知子（chichols）
制作　　朝日メディアインターナショナル株式会社
印刷・製本　株式会社シナノ



本書籍に関するお問い合わせ、ご連絡は下記にて承ります。
https://nkbp.jp/booksQA

Printed in Japan
ISBN978-4-8222-8968-3